AF742699

भाई जीबिले अकन्नी संदेश ऑडियो लिंक के साथ :

निर्देश को अविवाहित ; और आपके जीवन पर परमेश्वर का ध्यान केन्द्रित करने का कारण

गिबिले अकन्नी

संकलनकर्ताः राजदूत मंडे ओ. ओगबे

विषयसूची

लेखक के बारे में

22 जून को जन्मे डैडी गबिले अकन्नी, जिन्हें लोकप्रिय रूप से ब्रो गबिले अकन्नी कहा जाता है, एक नाइजीरियाई उपदेशक, लेखक और विश्व के प्रसिद्ध शिक्षक हैं। उनके पास एक अंतर-संप्रदायिक फ़ेलोशिप है जो सभी पृष्ठभूमि के ईसाइयों को आकर्षित करती है। वह कोई चर्च नहीं चलाते; वह एक घुमंतू उपदेशक हैं जो निमंत्रण पर एक संप्रदाय से दूसरे संप्रदाय में जाते हैं।

अपनी सादगी और खुद को "ग्बोको से भाई गबिले अकन्नी" के रूप में पेश करने की प्राथमिकता के लिए लोकप्रिय, वह पूरे देश में युवा और वृद्ध दोनों के लिए एक मार्गदर्शक हैं। वह पा एल्टन द्वारा अनुशासित ईसाई नेताओं की नस्ल में से एक हैं, जो पवित्र आत्मा के माध्यम से पृथ्वी के छोर तक ईश्वर के राज्य का संदेश ले जाते हैं।

गिबिले अकानी का जन्म ओयो राज्य के ओग्बोमोशो के मासिफा में एक “इफ़ा” (मूर्तिपूजक) परिवार में हुआ था।

उन्होंने इबादान विश्वविद्यालय से स्नातक की उपाधि प्राप्त की और बैपटिस्ट स्टूडेंट फेलोशिप के पूर्व छात्र हैं।
वह अपने आध्यात्मिक पालन-पोषण का श्रेय अपने बचपन के मित्र (रेव. डॉ. इूरोसिनजेसु अयानरिनोला) की दादी को देते हैं, जो हमेशा उनके लिए प्रार्थना करती रहती थीं कि वे अपने अंधकारमय परिवार में एक चमकती हुई ज्योति बनें।
"वह मुझे और मेरे बहुत ही करीबी दोस्त, इूरोसिनजेसु, जो उनका अपना पोता है, को 1970 और 1973 के बीच हर सुबह अपने घुटनों पर लाती थी, स्कूल जाने से पहले गहरी प्रार्थना और मध्यस्थता के लिए और दोपहर में हमारे लौटने पर, वह हमें फिर से अपनी कमर के चारों ओर इकट्ठा करती थी और अधिक प्रार्थना और धन्यवाद के लिए। वह चाहती थी और प्रार्थना करती थी कि मैं अपने बहुत ही अंधकारमय परिवार से "चमकता हुआ प्रकाश" बनूँ। जब घर पर मुझे सताया जाता था, तो वह एक "शरण" थी, जहाँ मैं भाग सकता था, जिसके शब्दों में सुखदायक आश्वासन था, "अकन्नी, तुम्हारे पिता को बुरा मत मानना... वे भी उन चीजों को छोड़ देंगे, जैसे मैंने अपनी मूर्ति पूजा छोड़ दी थी। मुझे चारों ओर से धमकाया गया, लेकिन मैंने अपने दिल में ठान लिया, मैं यीशु को अस्वीकार नहीं करूँगा। जब तक मैं मर नहीं जाता, मैं हमेशा उनकी सेवा करता रहूँगा।"

डैडी गबिले अकन्नी एक ऐसे व्यक्ति हैं जिन्हें बाइबल की बहुत अच्छी समझ है। वे 'लिविंग सीड' (एक साप्ताहिक संगति सभा) नामक मंत्रालय का नेतृत्व करते हैं, जिसका केंद्र गबोको, बेनुए राज्य नाइजीरिया में है, जहाँ वे रहते हैं।

यह मंत्रालय अंतर-संप्रदायिक है और देश के हर राज्य तक पहुंचता है। हर साल दिसंबर में होने वाले उनके मंत्रियों के नेतृत्व रिट्रीट में न केवल चर्च बल्कि सभी क्षेत्रों के 15,000 नेता शामिल होते हैं

अपने साथी "लिविंग सीड" में, गबिले अकन्नी सालाना आधार पर मंत्रियों के नेतृत्व रिट्रीट का आयोजन करते हैं। हर साल हज़ारों लोग इस जगह पर आते हैं। इससे कोई फ़र्क नहीं पड़ता कि उनकी उत्पत्ति, पृष्ठभूमि या कहानी क्या है। कोई भी व्यक्ति जो ईश्वर की तलाश करता है, वह गबिले अकन्नी के उपदेशों में उसे पा सकता है। श्री अकन्नी ने एक चर्च नहीं बनाया, बल्कि एक ऐसी जगह बनाई जहाँ विश्वासी ईश्वर के वचन की मदद से धर्मी शिष्य बन जाते हैं।

डैडी गबिल अकन्नी विश्वासियों को शिष्य बनाने के लिए प्रतिबद्ध हैं। उनके पास परमेश्वर के वचन की बहुत गहराई है। उनकी आधिकारिक शिक्षा बहुत चुनौतीपूर्ण और जीवन बदलने वाली है और उन्हें विश्वासियों को केवल यीशु मसीह पर अपना ध्यान केंद्रित करते हुए देखने की गहरी इच्छा है। उनकी ताकत के क्षेत्र शिक्षण और सुसमाचार प्रचार हैं

भाई गिबिले एक मेडिकल डॉक्टर, मम्मी (बहन) साडे अकन्नी से खुशहाल विवाहित हैं, और उनके चार बच्चे हैं और वे पीस हाउस गबोको, बेनुए राज्य, नाइजीरिया, पश्चिम अफ्रीका में रहते हैं।

डैडी (भाई) गबिले अकन्नी की पुस्तकें

एक विपुल लेखक के रूप में, डैडी (भाई) गबिले अकन्नी ने निम्नलिखित पुस्तकें लिखी हैं

- पुरुषत्व की गरिमा
- यीशु जैसा बनना
- महंगी धारणाएँ
- समय पर चेतावनी
- जब परमेश्वर बोलता है
- मौन श्रम
- यीशु जैसा बनना
- ईसाई जीवन की नींव
- मसीही सेवा के लिए परमेश्वर का नमूना
- मुझे एक पेय दे दो
- वैवाहिक संबंध
- ईश्वर की खोज
- अब दो नहीं
- मौन श्रम
- एक बासा हार्ट
- जीवन और सेवकाई के लिए परमेश्वर के संसाधनों का उपयोग करना
- शिष्यत्व की अवधारणा और शर्तों को समझना
- अमिट सौंदर्य
- परमेश्वर अपने पात्र में क्या देखता है
- जब वह आता है
- जब बल के लोगों को अधिक बल की आवश्यकता होती है
- जब स्वर्ग बंद हो जाता है
- हम मरने तक यहीं क्यों बैठे रहें?

लिविंग सीड मीडिया की आधिकारिक वेबसाइट के माध्यम से उनके मंत्रालय के अपडेट का अनुसरण कर सकते हैं।

भगवान ने मुझे पैसे दिए लेकिन मैंने मना कर दिया

साक्षात्कार में मैं सबसे योग्य था। कई पैनलिस्टों को पहले से ही अपनी पत्नियों से मेरे बारे में अच्छी रिपोर्ट मिल चुकी थी, जिन्हें मैंने अपने सेवा वर्ष में "गृह अर्थशास्त्र का भौतिकी" पाठ्यक्रम पढ़ाया था। उन्होंने यहाँ तक पुष्टि की,

"मि. अकानी, आपको नौकरी मिल गई है। हमें वास्तव में आपकी ज़रूरत है और हम आपको चाहते हैं। हमारी पत्नियाँ आपको भौतिकी पढ़ाने के लिए धन्यवाद देती हैं।"

मैंने नियुक्ति पत्र आने का व्यर्थ ही इंतजार किया। दूसरों को नियुक्त किया गया, लेकिन मुझे नहीं। मैं बहुत निराश था क्योंकि मेरे पास कोई "प्लान बी" नहीं था। मेरे पास भगवान के अलावा और कोई रास्ता नहीं था, जिसने मुझे इतने सालों में और खास तौर पर इस मुकाम तक इतनी स्पष्टता से पहुंचाया है।

मैं अभी भी इंतज़ार कर रहा था जब मेरे पास मौजूद सारे पैसे खत्म हो गए और मेरे सारे टॉयलेटरीज़ खत्म हो गए। मेरे पास सिर्फ़ 30 कोबो (नाइजीरियाई मुद्रा में सबसे कम मूल्यवर्ग, जो वास्तव में एक सेंट या पैनी से भी कम है) बचे थे।

मैं इतना निराश हो गया था कि मैंने अपना सामान पैक करके इबादान वापस जाने के बारे में सोचना शुरू कर दिया, जहाँ कई शिष्य मेरे लौटने का इंतज़ार कर रहे थे। एक दोपहर जब मैं प्रार्थना कर रहा था, तो मैंने भगवान से कहा,

"क्या इसलिए कि मेरे पास कहीं जाने के लिए कोई परिवहन किराया नहीं है, इसलिए आप मेरी जिंदगी को इस जगह पर बांध रहे हैं?"

तुरंत ही, परमेश्वर ने एक भाई को प्रेरित किया, जो शहर में एक बैंक में काम करता था, ताकि वह अपने अवकाश के समय मेरे लिए परिवहन का किराया लेकर आए। जब मैं अभी भी घुटनों के बल बैठा था, तो वह मेरे कमरे में आया और बोला,

"भाई गिबाइल, प्रभु ने मुझे यह पैसा तुरंत आपके पास लाने के लिए कहा है और यह उस यात्रा के लिए है जो आप करने वाले हैं। मुझे बैंक में अपनी डेस्क पर वापस जाना है।"

मैं प्रभु के किए पर काँप उठा और पैसे को छूने या भाई से लेने से डरने लगा, क्योंकि मैं देख रहा था कि यह मेरे लिए परमेश्वर की इच्छा के विरुद्ध जाने का एक प्रायोजन था। मैंने भाई से विनती की कि वह पैसे अपने पास रख ले क्योंकि मैं फिर से कोई यात्रा करने के लिए तैयार नहीं था।

जब भाई चला गया, तो मैंने आँसू बहाते हुए प्रभु की ओर देखा और उनसे माफ़ी माँगी। हालाँकि मेरे पास खाने के लिए कुछ नहीं था, फिर भी मैं अपने जीवन के लिए उनकी सिद्ध इच्छा से दूर नहीं जा सकता था। तब परमेश्वर ने मुझसे फिर से बात करना शुरू किया।

"मैं तुम्हें पैसों की कमी के कारण यहाँ नहीं रख रहा हूँ। अगर तुम जाना चाहते हो तो जाने के लिए स्वतंत्र हो।

लेकिन तुम जहां भी जाओ, तुम जो भी कर रहे हो, उपदेश दे रहे हो, गा रहे हो या शिक्षा दे रहे हो, यह मेरे सामने तुम्हारी गुप्त फाइल

में दर्ज हो जाएगा, 'गबिले को बेन्यू राज्य में मेरी सेवा करने के लिए तैनात किया गया था, लेकिन वह फरार हो गया है।' तुम्हारे पास जितना चाहो उतना धन हो सकता है, परन्तु मेरी उपस्थिति तुम्हें नहीं मिलेगी।”

गिबिले अकन्नी द्वारा रचित "ही लीड्स मी" से अंश

निर्देश को अविवाहित

पॉडकास्ट ऑडियो लिंक के नीचे:

https://podcasters.spotify.com/pod/show/otakada/episodes/Brother-Gbile-Akanni-Messages-Bro-Gbile-Akanni-Messages--Instructions-To-The-Unmarried-e2knn0a

अब हम बाइबल में एक खास विवाह को लेते हैं। मैं चाहता हूँ कि हम दो और विवाहों को भी ले लें, लेकिन मैं इस बार देख रहा हूँ। यह हमारे पक्ष में नहीं है।

भगवान हमारी मदद करें। अब, रेबेका और इसहाक के बीच विवाह। आइए जल्दी से एक त्वरित अध्ययन करें।

और मुझे उम्मीद है कि मैं इस बैठक में मौजूद पुरुषों और महिलाओं की विभिन्न श्रेणियों पर इसे लागू कर पाऊंगा। जो विवाहित हैं, जो अभी शादी करने वाले हैं। आइए देखें कि हमें वहां क्या कहना है।

अब्राहम बूढ़ा हो गया था और उसकी आयु बहुत अधिक थी, और प्रभु ने अब्राहम को सभी बातों में आशीर्वाद दिया था। अब्राहम ने अपने घर के सबसे बड़े सेवक से कहा, "वे उसके पास जो कुछ है, उस पर शासन करते हैं। कृपया अपना हाथ मेरी जांघ के नीचे रखें, और मैं आपको स्वर्ग के परमेश्वर, पृथ्वी के परमेश्वर यहोवा की शपथ दिलाता हूँ कि आप मेरे बेटे के लिए कनानियों की लड़कियों

में से, जिनके बीच मैं रहता हूँ, कोई पत्नी नहीं लेंगे, बल्कि मेरे देश में, मेरे कुटुम्ब में जाकर मेरे बेटे इसहाक के लिए एक पत्नी लेंगे।"

सेवक ने उससे कहा, "वह स्त्री संयोगवश इस देश में मेरे साथ आने को तैयार नहीं हुई। क्या मुझे तेरे पुत्र को उस देश में नहीं ले जाना चाहिए जहाँ से तू आया है?" अब्राहम ने उससे कहा, "सावधान रह कि तू मेरे पुत्र को वहाँ न ले आए। स्वर्ग का परमेश्वर यहोवा, जिसने मुझे मेरे पिता के घर से और मेरे कुटुम्ब के देश से निकाल लिया है, वही मुझ से बातें करेगा, और शपथ खाकर कहेगा, कि यह देश, जिसके लिये मैं ने इस्राएल को तेरे आगे भेजा है, मैं तेरे वंश को दूँगा, और तू वहाँ से मेरे पुत्र के लिये एक स्त्री ले आएगा।"

अब देखिए, हम इससे क्या सीखते हैं? पहला सबक। आप देखिए, अब्राहम अपने सेवक को शपथ दिला रहा था कि किसी भी परिस्थिति में, किसी भी हालत में, उसे कनानियों में से किसी से शादी नहीं करनी चाहिए। यह एक शपथ थी।

आज आपमें से कितने लोग परमेश्वर के साथ शपथ लेंगे? कहो, चाहे मेरी हालत कितनी भी खराब क्यों न हो, मैं कभी भी किसी अविश्वासी से शादी नहीं करूँगा। यह एक शपथ है। हाँ।

असमान जुए के मामले में, यह एक शपथ मानी जाती थी। मैं कभी भी असमान जुए में नहीं जुतूँगा। भले ही शादी करने के लिए कोई पुरुष न हो, मैं किसी अविश्वासी से शादी करने के बजाय अविवाहित रहना पसंद करूँगा।

भाई, क्या तुमने देखा कि इस आदमी ने क्या कहा? उसने कहा, "मैं जिन कनानियों के बीच रहता हूँ, उनकी बेटियों में से तू शादी न करना। और हम इस दुनिया में इस दुनिया की बेटियों के बीच रहते हैं। वे खतनारहित हैं, वे जो फिर से पैदा नहीं हुई हैं।"

तुम मेरे बेटे के लिए उनमें से किसी से शादी मत करना। मैं तुमसे कहना चाहता हूँ भाई, तुम्हारी शादी सार्थक हो, इसके लिए भगवान अज्ञानता के समय को नज़रअंदाज़ करते हैं। जो लोग मसीह को अपना जीवन देने से पहले विवाहित थे और उन्होंने अविश्वासियों से विवाह किया, भाई, उनके लिए एक अलग खंड है।

भले ही उन्हें थोड़ा कष्ट होगा, लेकिन अब जब आप जानते हैं, अब जब आप शादी से पहले फिर से जन्म ले चुके हैं, वास्तव में, क्या आप मेरी बात सुन रहे हैं? भले ही आप पिछले बारह सालों से प्रणय निवेदन में रहे हों, और आपकी शादी तीन महीने तक चली, आपकी शादी तीन महीने तक चली, और यीशु ने आपको बचाया, और आपको अंधकार के साम्राज्य से स्थानांतरित किया। उस सगाई का क्या हुआ? यह रद्द हो गई है। आह, आप कहते हैं, लेकिन हे भगवान, मैं इस आदमी के साथ बारह साल से हूँ।

क्या मतलब है तुम्हारा? क्या बारह साल की प्रेमालाप शादी के एक साल के बराबर है? एह? और तुममें से कुछ लोग, तुम बहुत बातें करते हो। हम लंबे समय से साथ हैं। तुम्हें किसने बताया? जब तक तुम शादी नहीं कर लेते, तुम शादीशुदा नहीं हो।

क्या यह सच नहीं है? और आपको बस उन लोगों से जाकर पता लगाना है जो अब मुसीबत में पड़ गए हैं। पति जिससे वे विवाहित थे, जब वे प्रेमालाप में एक साथ थे, देखो यह आदमी क्या कहता था। वह जो पत्र लिखता था।

उसने कहा, अरे रोके, तेरे जैसा कोई नहीं है। बाग के सारे फूलों में तू ही मेरी जिंदगी का गुलाब है। वह कहता है, हर तरह का गुलाब।

वही आदमी। वही आदमी, जो वही हाथ लेकर चलता है, जिससे वह पहले भी तुम्हारी पीठ थपथपाता था। अच्छा, तुम कहते हो कि तुमने मुझे थप्पड़ मारा, मैं तुम्हें फिर से थप्पड़ मारूँगा।

क्या हुआ? मैं तुमसे कह रहा हूँ कि प्रणय-संबंध, चाहे कितना भी मधुर क्यों न हो, विवाह के बराबर नहीं है। विवाह अतीत की बात नहीं है। यह विश्वास का उपक्रम है।

क्या आप जानते हैं कि कल एक आदमी क्या बन जाएगा? एह? आप समझ रहे हैं कि मुझे क्या परेशान कर रहा है? मैंने पादरी देखे हैं, पादरी, असली पादरी, शादी से पहले। अद्भुत पादरी। क्या आप कभी सोच सकते हैं कि एक पादरी बदल जाएगा? लेकिन वे बदल गए हैं।

आपको भविष्य की सुरक्षा के लिए किस बात ने भरोसा दिलाया, जिसके बारे में आप नहीं जानते, अगर ईश्वर आपके साथ नहीं है? विवाह वह नहीं है जो हम पहले से जानते हैं। यह अज्ञात में विश्वास का एक उद्यम है। और इससे पहले कि आप एक ऐसी यात्रा पर जाएं जो आपने पहले कभी नहीं की है, आप में से कितने

लोग पहले विवाह में गए हैं? एह? आप पहले कभी वहां नहीं गए हैं, यह आपके लिए एक नई यात्रा है।

आपको एक मार्गदर्शक की ज़रूरत है। और इसलिए, विवाह में आने वाला पहला आदमी आपका पति भी नहीं है। यह प्रभु यीशु है।

वह कभी नहीं बदलेगा। हर बार वह कहता है, मैं ही वह हूँ जो तुम्हें यहाँ लाया है। आप देखिए, और उसने कहा, और वह उसे उस आदमी के पास ले आया।

आपको यह पता होना चाहिए कि आपको इस मामले में किसने लाया। इससे आपको आगे बढ़ने में मदद मिलेगी। कुछ लोग जब शादीशुदा होते हैं तो टूटने लगते हैं।

जब आप लोगों को सलाह देते हैं तो मुझे सबसे बड़ी परेशानी तब होती है जब वे यह पता नहीं लगा पाते कि उन्हें इस शादी में किसने लाया। यह एक भयानक मनोवैज्ञानिक हार है। उन्होंने कहा, तब वह सभी प्रेमियों को याद रखेगा।

उन्होंने कहा, "चार आदमी वास्तव में मेरे पास आए थे। मुझे नहीं पता कि मुझे इस आदमी को हाँ कहने के लिए किस बात ने प्रेरित किया। मैंने कहा, बहन, चलो इस बारे में नहीं सोचते।"

आपने पहले ही हाँ कह दिया है, इसलिए हम उससे पीछे नहीं हटेंगे। वह समय बीत चुका है। अब वास्तविकता का सामना करें।

तुमने उसे हाँ कह दिया है। इसलिए यह कहने की कोई ज़रूरत नहीं है कि काश मैंने ऐसा न किया होता। नहीं, जो तुमने कहा है, वह तुम नहीं कह सकते, तुम दोबारा मत कहना।

तुमने यह कह दिया है, इसलिए चुप रहो। यह कितना भयानक था, कि तुमने विवाह किया और मुसीबत में पड़ गए, और तुम यह नहीं कह सकते कि, हे परमेश्वर, तुमने मुझे लाया। तुम प्रार्थना करने के लिए घुटने टेकना चाहते हो।

शैतान ने कहा, "तुम्हारे पास हिम्मत के साथ परमेश्वर को पुकारने का विकल्प नहीं था, लेकिन क्या तुमने यहाँ आकर परमेश्वर की अवज्ञा नहीं की? तो तुम शिकायत क्यों कर रहे हो? कोई भी पैसा नहीं है जिससे तुमने शादी की है। क्या तुम्हें वह गर्लफ्रेंड याद है जो उसकी थी? जिसे तुमने धोखा दिया और तुम शादी में चले गए। उसने उस लड़की को नहीं छोड़ा था।

भाई, बहन, इस मीटिंग में आप में से कितने लोग शादीशुदा नहीं हैं? मुझे अपना हाथ ऊपर करके दिखाओ। आह, आपके पास बहुत कुछ है। हे भगवान, अब आप समझ गए होंगे।

मैं बातें करता रहा, बातें करता रहा, बातें करता रहा, बातें करता रहा। इसे देखो। क्या तुम ईश्वर से शपथ खाओगे कि तुम कनानियों की बेटियों में से किसी को नहीं ले जाओगे, जिनके बीच हम रहते हैं।

यह एक शपथ है। उन्होंने तुम्हारा हाथ मेरे हाथ के नीचे रख दिया, और यहोवा की शपथ ली। एक सवाल था।

एक बहुत ही महत्वपूर्ण प्रश्न, जिसका उत्तर देना अभी भी आवश्यक है। वह प्रश्न था, और सेवक ने उससे कहा, "सौभाग्य से, वह स्त्री मेरे साथ इस देश में आने को तैयार नहीं होगी। क्या मुझे तुम्हारे बेटे को फिर से उस देश में लाना होगा जहाँ से तुम आए हो?" बहुत ही महत्वपूर्ण प्रश्न।

मान लीजिए, वह महिला मेरे साथ इस धरती पर आने को तैयार नहीं है। इस तरह के जीवन में। इस तरह के आध्यात्मिक अनुभव में।

मैं क्या करूँ? क्या मुझे आपके बेटे को वापस वहीं ले जाना होगा जहाँ से आप निकले थे? वे क्या कह रहे हैं? मान लीजिए कि महिला आध्यात्मिक जीवन के इस स्तर पर मेरे साथ चलने को तैयार नहीं है। शादी के कारण, क्या हम पीछे हटने पर विचार कर सकते हैं? क्या आप सुन रहे हैं? क्या मुझे आपके बेटे को वापस वहीं ले जाना होगा जहाँ से आप निकले थे? भाई, जवाब क्या था? उसने कहा, कभी नहीं। कोशिश मत करो।

भगवान उसे आने के लिए मजबूर करेंगे। अगर भगवान ने उसे आने के लिए मजबूर नहीं किया है, तो मेरे बेटे को रख लो। उसे वहाँ नहीं जाना चाहिए।

मैं मना कर देता हूँ। बहन, मान लीजिए कि वह आदमी नहीं आ रहा है। और हर बार, वे कहते हैं, ठीक है, यह SU वाली बात है, वापस बात करो, केवल तुम वापस सोचो, SU वाली बात।

इसीलिए तुम किसी से शादी नहीं कर पा रहे हो। शांत रहो। है न? तुम सीधे मुंह नहीं दिखा सकते।

हमेशा ऐसे कपड़े पहनना जैसे कि आप विधवा हैं। और सोचती हैं कि कोई आपसे शादी कर लेगा। नहीं।

आजकल के सभी लड़के, क्या अच्छा है? हेलेलुया। वे किसी अच्छी चीज़ की तलाश में रहते हैं। उन्हें कुछ न कुछ करना पड़ता है।

मेकअप करो। तुम बहुत अच्छे कपड़े पहनती हो। अपने होठों को रंगने में क्या बुराई है? स्वीकार्य दिखने के लिए।

इन सब बातों में कुछ भी गलत नहीं है। आप अच्छे कपड़े पहनें। और जगह-जगह जाएं।

आप चर्च में छिपकर यह नहीं कह सकते कि आप किसी से प्रार्थना कर रहे हैं। आपके चर्च में कितने भाई हैं? वे यहाँ नहीं हैं। इसलिए, वे आपके पीछे अंदर नहीं आएंगे।

आप बाहर जाइए। बाहर जाइए और देखिए कि वे इस देश में क्या कर रहे हैं। यही सवाल था।

रोमांच के लिए। महिला मेरे साथ इस देश में नहीं आएगी। क्या मुझे आपके बेटे को वापस ले जाने की ज़रूरत है? क्या मैं समर्पण को कम कर सकता हूँ? क्या मैं पवित्रता को कम कर सकता हूँ? क्या मैं परमेश्वर के वचन के बारे में अपने ज्ञान को कम करके वापस जा सकता हूँ? क्या हम पीछे हटने पर विचार कर सकते हैं? क्या हम पीछे हट सकते हैं क्योंकि हम शादी करना चाहते हैं? क्या

हम कह सकते हैं, ठीक है, मुझे ऊपर आने के लिए वापस जाने दो? क्या इसकी अनुमति है? परमेश्वर कहते हैं, नहीं।

भाइयो, कुछ बहनें भी हैं। आजकल फेलोशिप में तथाकथित बहनें भी हैं।

आप उन्हें प्रपोज करना चाहते हैं। वह कहती है, ठीक है, मैं कोई कट्टरपंथी नहीं हूँ। मैं एक ईसाई हूँ।

दोबारा जन्म। मैं कोई कट्टरपंथी नहीं हूँ। देखो, अगर तुम चाहते हो कि हम शादी कर लें, तो शांत हो जाओ।

हाँ? शांत हो जाओ। यह सब प्रार्थना, प्रार्थना, प्रार्थना, प्रार्थना, प्रार्थना, प्रार्थना, प्रार्थना, प्रार्थना, प्रार्थना, प्रार्थना, प्रार्थना, प्रार्थना, यह सब मिशनरी कॉल है। मैं प्रचार कर रहा हूँ और रो रहा हूँ।

मैं इस पर विश्वास नहीं करता। मैं एक ईसाई हूँ। अनुग्रह से बचा हूँ।

मैं पवित्र आत्मा से भर गया हूँ। हाँ! मैं नहीं, मैं नहीं, मैं बहुत दूर नहीं जा रहा हूँ। सुनो।

आप में से कुछ लोग कहते हैं, भगवान, भगवान ही हैं जिन्होंने मुझे आश्वस्त किया कि मुझे उससे शादी करनी चाहिए। यह सच नहीं है। परमेश्वर का वचन कहता है, अगर वह इस भूमि पर नहीं आने वाली है।

तुम पीछे नहीं जा सकते। पत्नी को पकड़ने के लिए तुम पीछे की ओर कदम नहीं बढ़ाते। जब तक वह आने के लिए तैयार न हो, तब तक सोते रहो।

और भगवान ने उसे आदमी के पास ला दिया। भगवान ने आदमी को उसके पास नहीं लाया। जब मैं दो लोगों को काटते हुए देखता हूँ।

और बहन दुनियादारी पर जोर दे रही है। जोर देकर कहो कम करो। जितने भी भाई और पिता भगवान ने तुम्हें प्रभु में दिए हैं।

लड़की तुमसे कह रही है कि, अगर तुम चाहते हो कि मैं और तुम शादी कर लें। मैं तुम्हें उन भाइयों के पास जाते हुए नहीं देख सकती। वे हमेशा बहुत सख्त होते हैं।

मैं चाहता हूँ कि तुम आराम करो। माफ़ करना। भले ही कल रात में आत्मा ने तुम्हें जगा दिया हो।

और कहा कि तुम्हें उस लड़की से शादी करनी ही होगी। अपने रुख पर पुनर्विचार करो। इसके पीछे एक कारण है।

प्रभु ने अभी तक उसे नहीं लाया है। जब आप बाइबल को साफ़ करते हैं। आप जानते हैं कि हम में से कुछ लोग बहुत आध्यात्मिक हैं।

हम बहुत ज़्यादा आध्यात्मिक हैं। कुछ लड़कियाँ कहती हैं, पहले तुम्हें अपना चर्च बदलना होगा, उसके बाद ही मैं तुमसे शादी

करूँगी। और तुम खुद को वहीं से आगे ले जाओगे जहाँ भगवान ने तुम्हें रखा है।

तुम यह-वह कर रहे हो। तुम एक लड़की के पीछे भाग रहे हो। यह बाइबल नहीं है।

बाइबल कहती है, और प्रभु उसे ले आए। तुम्हें वापस नहीं जाना है। जब तुम वापस जाने लगोगे, तो तुम राशन नहीं दे पाओगे।

जब आप वापस चले जाते हैं, तो आप आगे बढ़ना नहीं चाहते। आप कहते हैं, नहीं, नहीं, नहीं।

अब क्यों? तुम मुझे धोखा दे रहे हो। लेकिन मैं और तुम, मैंने तुम्हें पहले ही बता दिया था। मैं, मैं उस रास्ते पर नहीं जाना चाहता।

और तुमने तय किया था कि तुम वापस आओगे और मेरे स्तर पर रहोगे। अब तुम क्यों कह रहे हो कि हमें जाना चाहिए? क्या भगवान ने नहीं कहा था कि तुम्हारी हाँ का मतलब हाँ होना चाहिए। और तुम्हारी ना का मतलब ना होना चाहिए।

तुम खत्म हो गए हो। नौजवान, तुम खत्म हो गए हो। वे सवाल, पैराडवेंचर।

आप पैराएडवेंचर जानते हैं। पैराएडवेंचर का मतलब क्या है? अगर ऐसा हो जाए। हम यह नहीं कहते कि ऐसा होगा।

लेकिन अगर ऐसा होता है। और वह मेरे साथ इस देश में आने को तैयार नहीं होगी। क्योंकि मुझे तुम्हारे बेटे को फिर से उस देश में लाना है जहाँ तुम आई हो।

अब्राहम ने उससे कहा, "सावधान रहो। यही सही निर्देश है। क्या करो? सावधान रहो।"

सावधान रहो। तुम, तुम, तुम, तुम, तुम। सावधान रहो।

कि तुम मेरे बेटे को फिर वहाँ मत लाना। और भाई, शादी पाप में गिरने का कारण नहीं है।

मुझे लगता है कि जब तक भगवान उसे नहीं लाते तब तक आपको सोते रहना चाहिए। भगवान आपके लिए एक ऐसी लड़की लाएंगे। जैसा कि हम अभी पढ़ रहे हैं।

भगवान यीशु के नाम पर हमारी मदद करें। अगर आप किसी लड़की को पकड़ने के लिए पहले से ही पीछे की ओर जा रहे हैं। मैं आपको आज दोपहर सलाह देता हूँ।

क्या करें? इसे रोकें। अगर आपने इतने सारे समायोजन किए हैं। संरचनात्मक समायोजन।

समायोजन कि। ओह, आप सेवा करने के लिए बहुत अच्छा कर रहे हैं। लड़की ने आप अभिषेक की सेवा की है।

आपने अपने जीवन में ईश्वर की कृपा की है। आप पहले उपवास और प्रार्थना करते थे। लेकिन जब से आपने वह पूजा शुरू की है।

उसने कहा, नहीं, नहीं, नहीं, नहीं, नहीं। मैं ऐसे आदमी से शादी नहीं कर सकती जो खाना नहीं खाएगा। और जिस दिन उसे पता चलेगा कि तुम खा रहे हो।

वह दिन आ गया है जब वह ऐसा करेगी। और मैंने कहा। तुम्हारी नाक में।

और इससे पहले कि तुम कुछ समझो, उसने कहा, देखो, तुम यह नहीं कह सकते कि तुम खाना नहीं खा रहे हो।

क्योंकि मैंने बहुत मेहनत की है। मैं नहीं देख सकता कि तुम मेरी सारी मेहनत यहाँ बरबाद करो। और तुम प्रभु से बहाना लेते हो।

और कहो, हे प्रभु। क्या तुम समझते हो? जब तुम ऐसी लड़की हो। मैं तुम्हें सलाह देता हूँ।

मैं तुम्हें सख्त शब्दों में सलाह दे रहा हूँ। सावधान रहो।

सावधान! सावधान! तुम्हारे आगे एक गड्ढा है।

एक बार जब शादी ठीक से नहीं हो पाती है, तो शुरुआत में हम इसे सुधारने के लिए कुछ नहीं कर सकते।

यह बहुत खतरनाक है। आपको प्रार्थना करने की ज़रूरत है। यह उन लोगों के लिए निर्देश है जो अविवाहित हैं।

कुछ लोग कहते हैं. मेरे साथ भी यही हुआ. मैं नीचे गिर गया.

माफ़ करना भाई, तुम नीचे चले गए हो। तुम पहले ही नीचे चले गए हो।

तुम्हारा अपना। बेहतर होगा कि तुम वहीं लेट जाओ। और कहो, हे प्रभु।

मैं शादीशुदा हूँ। मैं शादीशुदा हूँ। क्या आप शादीशुदा का मतलब जानते हैं? शादी।

मेरी शादी हो चुकी है। शादी हो चुकी है। देखिए, यह शब्द बहुत खतरनाक है।

मेरी शादी। हेलेलुया। आप विवाहित हैं।

मत कहो भाई, तुम कुछ नहीं कर सकते। यहीं बस जाओ।

वहीं बस जाओ। जो कुछ भी तुम जीवन से नहीं कर सकते। भगवान के साथ।

भगवान आपकी मदद करें। लेकिन जो लोग अभी अंदर नहीं गए हैं, वे सावधान रहें।

हे स्वर्ग के परमेश्वर यहोवा, जिसने मुझे मेरे पिता के घर से निकाला, जिसने तुम्हें बचाया।

और उस जीवनशैली से। और जिसने मुझसे बात की। उसने मुझसे कसम खाई।

वह तुम्हारे आगे चलेगा। और तुम्हारे लिए एक पत्नी लाएगा। भगवान यह करेंगे।

आमीन। घबराइए नहीं। कभी भी घबराइए नहीं।

भगवान तुम्हें एक पत्नी देगा। जिसके साथ तुम रह सको। बहन, भगवान तुम्हें एक अच्छा पति देगा।

नीचे मत जाओ। क्योंकि तुम एक आदमी के साथ जाना चाहती हो। नहीं, कृपया।

मैं ये निर्देश इसलिए दे रहा हूँ क्योंकि हम जल्द ही धर्मग्रंथ में इसकी खोज करने वाले हैं।

अब जब तुम आगे बढ़ो। उसने कहा, अगर वह औरत तुम्हारे पीछे आने को तैयार नहीं होगी। तब तुम मेरी इस शपथ से मुक्त हो जाओगे।

बस मेरे बेटे को फिर से वहाँ मत लाना। आप समझ गए। तो इसका क्या मतलब है? मैं अपने बेटे को वहाँ लाना पसंद करूँगा।

अविवाहित रहना। असमान बंधन में बंधने से बेहतर है। आपमें से कुछ लोग जल्दबाजी में शादी कर लेते हैं।

तो तुम्हें क्या मिला? गलत शादी से तुम्हें क्या मिला? तुम्हें क्या फायदा हुआ? शादी करने के लिए पीछे हटने से? कुछ भी नहीं। अच्छा हुआ कि तुमने शादी ही नहीं की। अगर तुम अब तक अविवाहित हो।

कुछ अच्छा हुआ होगा। शादी करने से अच्छा है। किसी गलत इंसान से।

विवाह में असमान बंधन ईश्वर के सामने बहुत बड़ा पाप है। बहुत बड़ा।

युवा लोगों को आपको यह जानना चाहिए। और जब मैं असमान जुए के बारे में बात करता हूँ। मैं सिर्फ़ यह नहीं कह रहा हूँ कि वह चर्च नहीं जाती।

वह चर्च जाती है। लेकिन वह आपके साथ ज़मीन पर आने को तैयार नहीं है। भगवान ने आपको राह दिखाई है।

ये असमान जुगाली है। जब दो लोग मेरे पास आते हैं और कहते हैं, अरे अंकल।

और हम लगभग यही करने वाले हैं। मैं कहता हूँ कि जाओ और मुझे एक साथ बुलाओ। मैं कहता हूँ कि यह युवक।

हम जानते हैं कि वह इसी दिशा में जाएगा। क्या तुम उसके साथ जाओगे? कोई भी आत्मा। कोई भी लड़की।

कौन जाने से इंकार कर रही है। भगवान द्वारा उठाए जाने से। कौन चाहती है कि उसका पति उसके पिता के घर आए।

उसकी अपनी रीति-रिवाज की शर्त पर। उसकी शादी नहीं हुई है। अभी तक नहीं।

और अगर आप शुरू में समझौता नहीं करते हैं। तो भगवान यीशु के नाम पर आपकी मदद करेंगे। तो आप जानते हैं कि वह आदमी चला गया।

और भगवान ने उसे आशीर्वाद दिया। मुझे लगता है कि क्योंकि मेरे पास समय नहीं है। मैं आपके साथ उस पूरी चीज़ का अध्ययन नहीं कर सकता।

लेकिन यह बहुत दिलचस्प है। लेकिन मेरे पास समय नहीं है। परमेश्वर आपको यीशु के नाम पर समझ देगा।

अब हम जल्दी से श्लोक 50 पर चलते हैं।

तब लाबान और बतूएल ने उत्तर दिया, "यह बात यहोवा की ओर से हुई है। हम तुझ से न तो बुरा बोल सकते हैं और न भला।"

देखो, रिबका तुम्हारे सामने है। उसे लेकर जाओ।

और वह तेरे स्वामी के पुत्र की पत्नी हो जाए। जैसा कि यहोवा ने कहा है। और ऐसा हुआ कि जब अब्राहम के सेवक ने उनकी बातें सुनीं।

उसने प्रभु की आराधना की। धरती पर सिर झुकाया। और सेवक ने चाँदी के गहने निकाले।

सोने के गहने और वस्त्र, और रिबका को दिए, और उसके भाई और माता को भी दिए।

और उसने और उसके साथ के लोगों ने खाया और पिया।

और सारी रात वहीं रुके रहे। और वे सुबह उठे। और उसने कहा।

मुझे मेरे स्वामी के पास भेज दीजिए। उसके भाई और माँ ने कहा, "लड़की को कुछ दिन हमारे पास रहने दीजिए।"

कम से कम दस। उसके बाद वह चली जाएगी। और उसने उनसे कहा।

मुझे मत रोको। देख, प्रभु ने मेरा मार्ग सफल कर दिया है। मुझे विदा करो।

और मैं अपने स्वामी के पास जा रहा हूँ। और उसने कहा। हम लड़की को बुलाएँगे और उसके मुँह से पूछेंगे।

तब उन्होंने रिबका को बुलाकर कहा, मुझे विदा कर। उसने कहा, मैं जाऊंगी।

चलो यहीं रुकते हैं। चलो यहीं रुकते हैं। यीशु के नाम पर भगवान हमारी मदद करें।

अब नंबर एक। बाइबल के अनुसार सही विवाह। है न? माता-पिता की सहमति से ही होना चाहिए।

आप नदी किनारे किसी लड़की से नहीं मिलते। और अपना लबादा उसकी गर्दन पर डाल देते हैं। और उसे उठाकर ले जाते हैं।

इससे कोई फर्क नहीं पड़ता कि आप कैसे प्रार्थना करते हैं। और आपको याद है कि इस आदमी ने प्रार्थना की थी। मुझे विश्वास है।

उसने बहुत अच्छे से प्रार्थना की। ताकि सही लड़की आए। सही लड़की।

उन्होंने कहा कि भगवान को जो कुछ करना चाहिए, वह सब हो गया। लेकिन वह पर्याप्त नहीं था।

भाइयो! आप सचमुच प्रार्थना करते होंगे। और आप विश्वास करते होंगे कि परमेश्वर ने आपके लिए एक बहन प्रकट की है।

यह तो बस पहला कदम है। हिम्मत मत करो। उस लड़की को ले जाओ।

जब उसके माता-पिता अभी भी कह रहे हैं। हम तुम्हें नहीं जानते। ये ऐसे दिन हैं।

बाइबल के सभी आदेश दरकिनार कर दिए गए हैं। और आप युवा लोगों को देख सकते हैं। यहाँ तक कि चर्च में भी।

वे लड़कियों को ले जाते हैं। बहनों को। मेरे पिता को।

मेरी माँ की बात पर ध्यान मत दो। तुम्हें पता है कि मैं सालों से काउंसलिंग कर रहा हूँ।

मैंने कभी ऐसी दो शादियाँ नहीं देखीं जो सफल रहीं। लेकिन यह सफल नहीं रहीं।

और तुम लड़की। क्या तुम उस आदमी को जानती हो जिसके साथ तुम जा रही हो। जिसे तुम छोड़ रही हो।

वे सभी जो आपके लिए आध्यात्मिक नेतृत्व स्थापित कर सकते थे। आप उन्हें एक अजनबी का अनुसरण करने के लिए फेंक देते हैं।

जब मैं माता-पिता की बात करता हूँ, तो मैं भौतिक माता-पिता की बात करता हूँ। मैं आध्यात्मिक माता-पिता की भी बात करता हूँ।

जिन्होंने तुम्हें प्रभु में पाला है। तुम उन्हें क्यों नहीं आने देते। पुष्टि करने के लिए।

आपका नेतृत्व करना। और सहमत होना। आपको रिहा करना।

तुम किसी आदमी के साथ क्यों भागोगी? बिना समझौता किए। समझे।

वह गया। और माता-पिता से बात की। उसने भाई से बात की।

उसने बेथुएल से बात की। और माँ से बात की। और उसने उन्हें इस पर विचार करने का मौका दिया।

और उसने कहा कि यह बात प्रभु की ओर से आई है। हम तुमसे कुछ नहीं कह सकते। चाहे बुरा हो या अच्छा।

लेकिन कुछ माता-पिता... कुछ माता-पिता... वे बहुत कुख्यात हैं।

वे इसकी अनुमति नहीं देंगे। वे इसकी अनुमति नहीं देंगे। यह सच नहीं है।

जब भगवान् होंगे तो वे अनुमति देंगे। इसमें समय लग सकता है।

लेकिन वे इसकी अनुमति देंगे। हममें से कई लोग इससे गुज़र चुके हैं। और जैसा कि हमने इंतज़ार किया।

और प्रार्थना की। क्योंकि हम जानते थे कि यह प्रभु की कृपा है। उन्होंने अनुमति दी।

बाइबल कहती है। उन्होंने उसे मौका दिया। उन्होंने कहा।

रेबेका तुम्हारे सामने है। उसे ले जाओ और जाओ। उसे अपने मालिक के बेटे की पत्नी बनने दो।

जैसा कि प्रभु ने कहा था। उसने क्या किया? उसने चाँदी के गहने निकाले। सोने के गहने निकाले।

बाकी बचा हुआ। उसे रेबेका को दे दो। उसने उसके भाई को भी दे दिया।

उसकी माँ को। कीमती चीज़ें। हम शादी से पहले दहेज़ का हिसाब-किताब कर लेते हैं।

कीमती चीजें। उसने उन्हें क्या दिया? कीमती चीजें। वह उसे खरीद नहीं रहा है।

लेकिन उसने ऐसा किया। इसलिए अगर वे आपसे दहेज मांगते हैं, तो उस पर आस्था के आधार पर दावा न करें।

बल्कि विश्वास के साथ पैसे का दावा करो। और जाकर समझौता करो। इस तरह तुम एक जिम्मेदार आदमी बनोगे।

खैर, आप जानते हैं। मैं उससे भी आगे जा रहा हूँ। तो चलिए आगे बढ़ते हैं।

लेकिन एक और बात है। जो मैं आपका ध्यान आकर्षित करना चाहता हूँ। जो कि अवश्य होनी चाहिए।

ध्यान रहे। हमारी शादियों में। आदमी ने कहा।

मुझे मेरे स्वामी के पास भेज दो। उसके भाई और माँ ने कहा। लड़की को हमारे साथ रहने दो।

कुछ दिन। अगर लड़की कुछ दिन उनके साथ रहे तो क्या शादी हो चुकी होगी? यही परेशानी है।

कई बार ऐसा होता है कि शादी हो जाने के बाद भी माता-पिता मना कर देते हैं कि क्या करें? जाने दें।

यह आसान नहीं है। यह आसान नहीं है। इसीलिए बाइबल में ऐसा नहीं कहा गया।

इस कारण से एक लड़का अपने पिता और माँ को छोड़ देगा। लड़के अकेले नहीं रह सकते।

शादी परिपक्व पुरुषों के लिए है। जब आप उस स्तर पर नहीं पहुँचे हों। जहाँ आप अकेले रह सकें।

शादी करने की कोशिश मत करो। और तुममें से कुछ जवान भाई। तुम अपने पिता के घर में शादी करते हो।

तुम्हें पता है, यह सही नहीं है। तुम्हारे पिता ने अभी कहा। चिंता मत करो।

हम सब कुछ निपटा देंगे। जाओ और शादी कर लो। यह सही नहीं है।

चाहे आप कितने भी उत्सुक क्यों न हों। आप चाहते हैं कि आपके बच्चे शादी करें। उन्हें अपने ही घर में शादी करनी चाहिए।

तुम्हें उन्हें जाने देना चाहिए। तुम्हें पता है उन्होंने कहा। कम से कम दस दिन।

दस दिन क्या जोड़ देंगे? रेबेका की ज़िंदगी में। लेकिन यह आमतौर पर धोखा होता है। माता-पिता के ससुराल वालों का।

माफ़ करना। जब तुम शादी करना चाहोगी। वो कुछ दिन जो तुम्हारे ससुराल वाले मांग रहे हैं।

सहमत मत हो। तुम्हारे पिता जो कुछ दिन कह रहे हैं, वही रहने दो।

आप सभी पहले स्थान पर रहें। नहीं। वे कुछ दिन खतरनाक दिन हैं।

ये वो दिन हैं जो आपकी शादी को हमेशा के लिए प्रभावित करते हैं। ये आपको छुट्टी मनाने की अनुमति नहीं देते। ये आपको खुद का सामना करने की अनुमति नहीं देते।

आप अपने पति को हमेशा अपने पिता की छाया में देखती रहती हैं। यह सच है कि आपको खाना बनाना नहीं आता होगा। अपने पति की माँ की तरह।

जब तक वह आपके आस-पास है, तब तक आप खाना बना रही हैं। यह काफी नहीं है। देखिए पति ही काफी नहीं है।

मान लीजिए मेरा बेटा इस तरह की चीजें नहीं खाता। वे इसे कुछ दिन कहते हैं। वे सालों से नहीं मांग रहे हैं।

वे बस कुछ दिनों की मांग कर रहे हैं। कुछ दिनों का व्यवधान। यह आपकी शादी को फोकस से बाहर कर सकता है।

कुछ दिनों का अतिक्रमण आपकी शादी को हमेशा के लिए उलझन में डाल सकता है। कितनी बार।

सुनो, अभी कुछ दिनों के लिए माँ तुम्हारे पास आई थी। वो कुछ दिन।

उसने आपकी पत्नी से झगड़ा किया। और आपकी पत्नी नाराज़ हो गई और उसे गालियाँ देने लगी। और वह आपको जीवन भर के लिए छोड़कर चली गई।

क्या वह झगड़ा सुलझ गया? उसने तुम्हारे साथ दुर्व्यवहार किया। वह नहीं चाहती कि हममें से कोई भी उसके पास जाए। जीवन भर के लिए।

कुछ दिन मुसीबत के साल बन सकते हैं। वह नौजवान। वह नौकर।

उसने कहा नहीं। तुम्हें पता है उसने क्या कहा? मुझे मत रोको। कुछ दिन।

यह बाधाओं का दिन है। मुझे मत रोको। मैं चाहता हूँ कि हम विवाह के बाइबिल मानक को समझें।

मुझे रोको, क्योंकि यहोवा ने मेरे मार्ग को सफल किया है। मुझे ऐसा मार्ग बताओ कि मैं अपने स्वामी के पास जा सकूँ। ऐसा श्लोक 57, 58 में है।

महत्वपूर्ण मुद्दे। उन्होंने कहा कि हम युवती को बुलाएंगे। और उसके मुंह से पूछताछ करेंगे।

आप देखिए कि वे उसके मुंह से क्या पूछ रहे हैं। भाइयों, मुझे आपको बताना ही होगा। भले ही आपको दहेज दिया गया हो।

दहेज़ अभी शादी नहीं हुई है। आमीन। किसी भी समय।

जब कोई महिला कहती है कि मैं तुम्हारे साथ नहीं जा रही हूँ। तो तुम वापस जाकर आराम क्यों नहीं करते। यही कारण है कि जब हम लोगों को उनके साथ शामिल होने के लिए वेदी पर लाते हैं।

अंत में हमने उनसे फिर पूछा। क्या आपमें से किसी को कोई बाधा मालूम है?

आपको कानूनी तौर पर एक साथ क्यों नहीं रहना चाहिए। अभी बताइए। हम इंतज़ार करेंगे।

मान लीजिए कि उस समय महिला कहती है, "मुझे डर लग रहा है। हम शादी रोक देंगे।"

एक टूटी हुई सगाई हमेशा के लिए बेहतर होती है। एक टूटी हुई शादी से। भले ही वह सगाई शादी के दिन ही क्यों न हुई हो।

कोई दिक्कत नहीं है। हम उसके मुंह से ही पूछताछ करेंगे। और आप देखिए।

शादी एक निजी प्रतिबद्धता है। उसके मुंह से। किसी को भी आपके लिए नहीं बोलना चाहिए।

मैंने कुछ लोगों को यह कहते सुना है कि पादरी ने कहा कि मुझे उसी से शादी करनी चाहिए। इसलिए मैं वहाँ गई।

पादरी की वजह से किसी से शादी मत करो। पादरी। पादरी हमेशा नहीं रहेगा।

वास्तव में यदि आप किसी पादरी से विवाह करते हैं तो वह हमेशा आपके साथ रहता है। वह पादरी एक शैतान है। उसे बाहर निकाल दें।

अरे, तुम देख रहे हो भाई, तुम बहुत आगे जा रहे हो। मैं नहीं।

शादी दो लोगों के बीच होती है। यह एक पुरुष के बीच नहीं होती। एक महिला और उसके पादरी के बीच होती है।

ऐसा कुछ नहीं है। पादरी को उन्हें शादी के लिए तैयार करना होता है। एक बार उनकी शादी हो जाए और हम काम खत्म कर लें।

पादरी को अपने मंत्रालय में वापस जाना चाहिए। और उन्हें जाने देना चाहिए। उन्हें रिहा कर देना चाहिए।

यह मत कहो कि यह आदमी इस मंत्रालय में बहुत उपयोगी है। और तुम हमेशा उसे बाहर निकालते रहते हो। नहीं, प्लीज।

उसे छोड़ दो। शादी का मतलब यही है। हम लड़की को बुलाएँगे और उसके मुँह से पूछेंगे।

तो श्लोक 58. और उन्होंने रिबका को बुलाया और उससे पूछा। क्या तुम इस आदमी के साथ जाओगी? कृपया ध्यान दें।

इससे पहले कि हम रुकें, मुझे इस बारे में कुछ बातें कहनी हैं। विवाह एक स्त्री का पुरुष के साथ जाना है। इस पर ध्यान दें।

उन्होंने यह नहीं पूछा कि क्या यह आदमी इस औरत के साथ जाएगा। जब उन्होंने पूछा कि क्या तुम इस आदमी के साथ जाओगी। कौन जा रहा है? क्या आदमी जा रहा है? तो औरत साथ आ गई।

सुनो। अब हम यहीं जा रहे हैं। जब तुम इस दृढ़ निश्चय में आ जाते हो कि तुम्हें शादी करनी है।

एक बहन के तौर पर आप तैयार हैं। क्या करने के लिए? एक आदमी के साथ जाने के लिए।

आदमी के पास यात्रा है। क्या अब तुम यह समझ रहे हो? तुम क्या कर रहे हो? उसके साथ जा रहे हो। तुम उसके साथ चल रहे हो।

आप आदेश नहीं बदलते। और कहा कि आदमी को क्या करना चाहिए? आपके साथ चलो। नहीं।

तुम्हें साथ ले जाने के लिए नहीं है। तुम्हें ही उसके साथ जाना है। सभी पत्नियों को अपने पति के साथ जाना है।

जब आपका पति खड़ा होकर कहे कि मैं इस तरफ जा रहा हूँ। इससे कोई फर्क नहीं पड़ता कि आप यहाँ क्या कर रही हैं। इससे कोई फर्क नहीं पड़ता कि आपके सारे दोस्त कहाँ हैं।

आप उनसे क्या कहेंगी? मैं अपने पति के साथ जा रही हूँ। आपके पति का निर्देश आपका स्वतः निर्देश है। क्या आप इस आदमी के साथ जाएँगी? जब किसी मामले पर चर्चा होनी हो।

और वह कहता है कि मैं इसी दिशा में जाना चाहता हूँ। हो सकता है कि आपने पहले भी इस दिशा में जाने का फैसला किया हो। आप क्या करते हैं? आप अपनी यात्रा स्थगित कर देते हैं।

और क्या करूँ? और उसके साथ जाऊँ। यही बात थी। क्या तुम इस आदमी के साथ जाओगी? और रेबेका ने कहा कि मैं क्या करूँगी? मैं जाऊँगी।

मैं बाइबल पढ़ रहा हूँ। मैंने एक भी जगह नहीं देखी। जहाँ मुटुआ बागे हो।

अगर तुम उस तरफ जा रहे हो, तो मैं नहीं जा रहा हूँ। मैं नहीं जा रहा हूँ। तुम जा सकते हो।

मैं यहीं रहूँगा। जब भी जाओगे, जाओगे, जाओगे, जाओगे। ऐसा नहीं है।

बाइबल में ऐसा कोई नहीं लिखा है जो विवाह में ऐसा सिखाता हो। मैं आपको पुरुष की जिम्मेदारी बताऊँगा। लेकिन महिला की पहली जिम्मेदारी क्या है? पुरुष के साथ चलना।

क्या तुम मेरी बात सुन रहे हो? मान लो हम चर्च की मीटिंग में जाते हैं। और लोग बातें करते रहते हैं और बातें करते रहते हैं। और तुम्हारा पति खड़ा हो जाता है और कहता है कि मेरा मानना है कि मैं यही करने जा रहा हूँ।

भगवान ने तुम्हें क्या करने को कहा है? तुम उसके साथ चलो। तुम यह मत कहो कि यह मेरे पति की राय है, लेकिन मेरा अपना विचार है। नहीं, यह बाइबल में नहीं लिखा है।

तुम्हें उसके विचारों के साथ चलना चाहिए। उसके साथ चलो। मेरे पति कैथोलिक चर्च जा रहे हैं।

उसके साथ जाओ। यही बाइबल है। तुम कहते हो लेकिन तुम देखते हो कि हम पेंटेकोस्टल हैं।

नहीं, नहीं, नहीं। आइए बाइबल को तोड़-मरोड़ कर पेश न करें। क्योंकि यह हमारे और हमारे चर्च के सदस्यों के लिए सुविधाजनक है।

उसे छोड़ दो, उसे जाने दो। क्योंकि यही उनका करार है। मैं उसके साथ जाऊँगा।

आप कहते हैं कि लेकिन वे खो जाएंगे। वे खो नहीं जाएंगे। वह बहन कभी नहीं खोएगी।

तुम्हें पता है क्यों? जब वह जाएगी तो वह उस आदमी को पवित्र कर देगी। और वह आदमी अचानक कहेगा कि मैं यहाँ फिर कभी नहीं जाऊँगा। और फिर वह आदमी अपनी पत्नी को वापस ले जाएगा।

और आप मैडम से पूछेंगे कि आपने इसे कैसे बनाया? खैर, भगवान। मेरे पति आधी रात को जाग गए। उन्होंने कहा कि यहां

तक कि इस आदरणीय पिता ने कहा कि मुझे भी समझ में नहीं आ रहा है कि वे क्या कर रहे हैं।

ये सब बातें। और उसने पूछा कि क्या हम आपके चर्च में जा सकते हैं? उसने कहा नहीं, अगर तुम वहाँ जा रहे हो तो मैं तुम्हारे साथ चलूँगा। यही बाइबल है।

मुझे परवाह नहीं कि लोग क्या कह रहे हैं। जब हम बाइबल देखते हैं तो हम उसका अनुसरण करते हैं। कभी-कभी यह मेरे लिए सुविधाजनक भी नहीं होता।

क्या अब आप इसे समझ रहे हैं? लेकिन हम सत्य के विरुद्ध कुछ नहीं कर सकते। लेकिन सत्य के लिए हमें सत्य का प्रचार करना चाहिए। और अपने जीवन को सत्य के अधीन करना चाहिए।

क्या तुम इस आदमी के साथ जाओगी? जब तुम शादीशुदा थी, तब तुमने यही कहा था। अब तुम पीछे मुड़कर यह नहीं कह सकती कि तुम जानती हो कि मैं उसके साथ नहीं जाना चाहती। तुम्हें उसके साथ जाना ही होगा।

उसके साथ जाओ। लेकिन तुम उसकी दिशा बदल सकते हो। जानते हो क्यों? क्योंकि उसके पास एक सिर है।

आप मुखिया से अपील कर सकते हैं। इसीलिए मैंने पहले ही कहा है कि किसी अविश्वासी से शादी करने की कोशिश मत करो क्योंकि उसका मुखिया शैतान है। उसका पिता शैतान है।

क्या आप चाहते हैं कि शैतान आपका ससुर बने? इसलिए यह अच्छा नहीं है। लेकिन अगर वह पवित्र आत्मा से भरा हुआ फिर से जन्मा परमेश्वर का बच्चा है। कौन परमेश्वर से डरता है? इसमें कोई समस्या नहीं है।

अगर वह कहता है कि वह यहाँ जा रहा है तो आप कह सकते हैं कि मैं आपके साथ जा रहा हूँ। क्या मैंने कई जन्मों से ऐसा नहीं किया है? जैसा कि प्रभु ने नेतृत्व किया। एक आदमी, एक भाई जब वह दुर्व्यवहार करने की कोशिश कर रहा था तो उसने कहा कि वह राजनीति में जा रहा है।

वह राजनीति में सिर के बल जा रहा था। उसे इसमें कोई दिलचस्पी नहीं थी। इसलिए जब भी वह जाता तो वह कहती बाय-बाय, बाय-बाय।

और यह युवक हर जगह जा रहा था। बेशक अब नई लड़कियाँ भी घूम रही हैं। जब राजनीतिक दोस्त मिलने जा रहे होते हैं तो वह खाना बनाने के लिए नहीं होती।

वो आई और बोली भाई मेरा परिवार है। मैंने कहा सुनो। मैंने कहा हाँ।

आपके पति अब क्या कर रहे हैं? उन्होंने कहा कि उन पर ध्यान मत दो, उन पर ध्यान मत दो। उन्होंने सब कुछ छोड़ दिया है। वे राजनीति में जा रहे हैं।

मुझे कोई दिलचस्पी नहीं है। मैं राजनीतिज्ञ कैसे बन सकता हूँ? नहीं, नहीं, नहीं। मैंने उसकी तरफ देखा।

मैंने पूछा कि क्या तुम चाहती हो कि भगवान तुम्हारी मदद करें? उसने कहा हाँ। मैंने पूछा कि जब तुमने शादी की थी तो तुमने क्या शपथ ली थी? उसने कहा कि मैं उसकी बात मानूँगी, उसकी आज्ञा मानूँगी। मैंने कहा जाओ और उसकी आज्ञा मानो।

उसका पीछा करो। उसने कहा भाई राजनीति? वह खतरनाक है। मैंने कहा वह वहाँ जा रहा है।

उसके साथ जाओ। अगर तुम फिर से संगति के लिए नहीं आते हो तो मैं समझता हूँ। उसके साथ जाओ।

आज रात जब वह घर आए तो दिलचस्पी दिखाना और उससे पूछना। कैसा लगा? क्या पार्टी का नामांकन हो गया है? उससे पूछ लेना। उसने कहा लेकिन मुझे कोई दिलचस्पी नहीं है।

मैंने कहा हाँ, मुझे पता है कि तुम्हें इसमें कोई दिलचस्पी नहीं है। मुझे भी इसमें कोई दिलचस्पी नहीं है। मुझे भी कोई दिलचस्पी नहीं है।

उसके साथ चलो। लेकिन हमारे पास रिमोट कंट्रोल है। क्योंकि हम जानते हैं कि उसके लिए यह परमेश्वर की इच्छा नहीं है।

हमने स्वर्ग में बैठे बाबा से प्रार्थना की कि वे इसे विफल कर दें। लेकिन इस बीच अपने सभी आगंतुकों के लिए खाना बनाने के लिए तैयार रहें। हमने घुटनों के बल बैठकर इसे विफल कर दिया।

और उस महिला को उसके साथ जाने के लिए भेज दिया। तो हा हा यह, हा हा वह। वे हर जगह घूम रहे थे।

जब चुनाव आए तो उन्हें कुछ नहीं मिला। सुनिए। आप जानते हैं कि जिस दिन वे वापस आए, वह एक चमत्कार था।

वह आए और बोले, देखो, मैं राजनीति से थक चुका हूं। राजनीति में कोई आशा नहीं है।

कितना बुरा है। नहीं, नहीं, नहीं मैं अब भगवान की सेवा करूंगा। नहीं, नहीं।

वे धर्मयुद्ध के लिए जा रहे हैं। गाँव-गाँव घूम रहे हैं। मुझे अपना जीवन इसी में बिताना चाहिए।

पत्नी बोली, "अंकल, यह चीज़ काम करती है। मैंने कहा, यह हमेशा काम करती है।"

परमेश्वर का वचन हमेशा काम करेगा। यह पहली नज़र में अतार्किक लग सकता है लेकिन यह काम करता है। यह एक विशेषाधिकार है।

अगर आपने कोई सुझाव दिया है। और आपके पति ने इसे अपनाने का फैसला किया है। लेकिन आपको इसे उनके हाथों में सौंपना होगा।

ताकि वह जा रहा हो। यह अच्छा नहीं है अगर हर बिंदु पर। आपके पति ने कहा ओह।

अब क्या बचा है या हमें क्या करना चाहिए। चूंकि आप ही जा रहे हैं। क्या मैं आपके पीछे चल सकता हूँ?

यह अच्छा नहीं है। अगर आपके पति ऐसा करते हैं तो कृपया जाना बंद कर दें।

मेरा आगे बढ़ने का कोई इरादा नहीं था। मैं तो बस आपके हाथ में एक सुझाव दे रहा था। आप ही जानते हैं कि कैसे आगे बढ़ना है।

और एक सिर्फ़ तुम्हारे साथ जाने के लिए। अगर तुम्हारे पास कोई विजन है। यहाँ कुछ बहनें हैं।

मैंने सुना है कि आप कहते हैं कि आपके पास एक दूरदृष्टि है। और मैं आपकी दूरदृष्टि के लिए ईश्वर को धन्यवाद देता हूँ। आमीन।

आपके दृष्टिकोण के लिए भगवान का धन्यवाद। लेकिन आप प्रार्थना क्यों नहीं करते? और उसे अपना दृष्टिकोण क्यों नहीं बनाते?

अपने पति के हाथ में। और इसे उनका अपना दृष्टिकोण बनने दें। केवल यही होगा।

जब वह उसके हाथ में होगा, तब वह वैसा नहीं रहेगा जैसा वह आपके हाथ में है। उसका आकार अलग होगा।

वह एक ऐसा आदमी है जो ऐसा है। ताकि तुम उसके साथ जा सको। और यह गलत नहीं होगा।

भगवान एक औरत को जो भी दर्शन देते हैं, वह है अपने पति के साथ जाना। क्या तुम मेरी बात सुन रहे हो?

आमीन। अगर आपके पति कहते हैं कि प्रभु ने मुझे बुलाया है। क्या यह बच्चों का सुसमाचार है?

या फिर गांव में सुसमाचार प्रचार। मैं आपको बता दूं कि भगवान आपको कोई दर्शन नहीं दे सकते।

एक और सपना। अबुजा के लिए।

अगर आपके पास ऐसा कोई दृष्टिकोण है, तो क्या आप उस दृष्टिकोण का नाम जानते हैं? विभाजन है।

नहीं। तुम्हें उसके साथ जाना है। और अगर तुम ज़्यादा प्रार्थना करो।

आप देखेंगे कि जो बातें आपने सोची थीं कि भगवान ने आपको बताई हैं, असल में वो इस आदमी के साथ चलना है। आपकी योग्यता उसके साथ चलने की है।

आपकी कृपा उसके साथ जाने वाली है। आपकी प्रतिभा उसके साथ जाने वाली है। यह उसके साथ ही जाएगी।

मैं तुमसे कह रहा हूँ कि यह उसके साथ ही जाएगा। हो सकता है कि तुम्हें अभी पता न हो। लेकिन यह उसके साथ ही जाएगा।

अचानक आपको पता चलता है कि जो आपने सोचा था वह स्वतंत्र था। यह उस दृष्टि में फिट होगा। यह उसके साथ जाएगा।

इसे उसके दिल में रखो। और उसके साथ जाओ। और भगवान तुम्हें आशीर्वाद देंगे।

और उन्होंने अपनी बहिन रिबका और उसकी धाय को, और इब्राहीम के दास और उसके जनों को विदा किया।

अब सुनो। यह महत्वपूर्ण बात है। उन्होंने रेबेका को आशीर्वाद दिया और उससे कहा।

तुम हमारी बहन हो। क्या ऐसा नहीं है? तुम हजारों या लाखों की माँ बनो।

और तेरा वंश अपने बैरियों के फाटकों का अधिकारी हो। अब अध्याय 22 देखें। उत्पत्ति 22।

कृपया इसे जल्दी से जाँच लें। श्लोक 17. क्या आप कृपया श्लोक 18 तक पढ़ सकते हैं।

वह आशीर्वाद कहाँ सुनाया गया था? एह? वह मोरिया के पहाड़ पर था। वह आशीर्वाद कहाँ सुनाया गया था? अध्याय 24 की आयत 60 का आशीर्वाद कहाँ सुनाया जा रहा था? यह कार्डिया के अयस्क

पर था। क्या आप जानते हैं कि कितने वर्षों का अंतराल था? इसहाक की उम्र लगभग 12 वर्ष थी।

जब उसके बारे में यह कहा गया था। लेकिन अब 40 साल हो चुके थे। जब रेबेका को शादी के बंधन में लेना था।

अब कितने साल हो गए हैं? 28 साल। आपको क्या पता चला? क्या आपने अध्याय 22 की आयत 17 और अध्याय 24 की आयत 60 में आशीर्वाद देखा है।

क्या आपने देखा कि वे एक ही हैं? एह? ठीक है। जब एक महिला कहती है कि मैं एक आदमी के साथ जाऊँगी। क्या आप जानते हैं कि क्या होता है? भगवान नियति तय करता है।

दृष्टि। मंत्रालय। अपेक्षा।

उस आदमी का। वह इसे आप पर डालता है। 28 साल।

अंतराल। कोई फर्क नहीं पड़ता। जब एक औरत ने कहा कि मैं इस आदमी के साथ जाऊँगी।

फिर भगवान्. उन्हें मिलाने के लिए. उस औरत को अपने ऊपर डालेंगे.

परमेश्वर पुरुष से यही अपेक्षा कर रहा था कि वह सब हासिल करे। परमेश्वर की योजना में एक पुरुष और उसकी पत्नी के लिए दो अलग-अलग मंत्रालय नहीं हैं।

जब मैं कहता हूँ कि दो अलग-अलग नहीं हैं। मेरा मतलब है कि उनके पास पूरा करने के लिए केवल एक ही लक्ष्य है। उसके पास पूरा करने के लिए एक ही दृष्टि का एक अलग पहलू हो सकता है।

लेकिन यह अलगाववादी दृष्टिकोण नहीं है। उन्होंने कहा कि तुम हमारी बहन हो, जिसकी हजारों या लाखों की माँ नहीं है। और तुम्हारी संतान को उन लोगों के द्वार पर अधिकार करने दो जो उनसे नफरत करते हैं।

बिल्कुल। यही शादी का चमत्कार है। मैं आपको यकीन से बता सकता हूँ।

चूँकि तुमने कहा था कि तुम अपने पति के साथ जाओगी। भगवान ने अपना भाग्य तुम्हारे ऊपर डाल दिया है। भगवान जो चाहते हैं, वही पूरा करना है, जो भगवान तुम्हारे जीवन पर मांग रहे हैं और डाल रहे हैं।

और मैं पतियों से कहती हूँ। बायीं और दायीं ओर देखना बंद करो और कहो कि शायद दूसरी बहन तुम्हारे लिए बेहतर प्रार्थना कर रही होगी। उन्हें ऐसा करने के लिए अभिषिक्त नहीं किया गया था।

भगवान ने आपकी पत्नी को रखा है। आपके भाग्य का आशीर्वाद उस पर है। बेहतर होगा कि आप अपना ध्यान केंद्रित करें।

मैं आपकी इस बात से सहमत नहीं हूँ। कि आपको लगता है कि कहीं कोई और बहन भी है। जो आपकी पत्नी से बेहतर आपके विजन को समझती है।

मैं आपसे सहमत नहीं हूँ। ऐसा कोई नहीं है।

कुछ समय के लिए वह थोड़ी सी समझदारी दिखा सकती है। लेकिन परमेश्वर उसे तुम्हारी समझ में ले आएगा। परमेश्वर के कार्यक्रम में एक आदमी की पत्नी के अलावा कोई विकल्प नहीं है।

जब तक मौत उन्हें अलग न कर दे। अगर आपकी पत्नी अभी मर जाती है। भगवान जो करता है, वही आपके जीवन का मंत्र है।

वह उस पर लगाया गया था। बाबा उसे हटा देंगे। हम उसे उसके साथ नहीं दफनाते।

बाबा उसे उठा लेंगे। और तब तक थामे रखेंगे। जब तक कि वह दूसरा न बना लें।

इसे कौन पहन सकता है। इसलिए मैं प्रार्थना कर रहा हूँ। कि आप चाहे जिस भी स्थिति में हों।

आप समझेंगे कि विवाह के लिए परमेश्वर का उद्देश्य सामाजिक सरोकार से कहीं बढ़कर है। सबसे पहले यह आध्यात्मिक है।

हेलेलुयाह। तो मैं तुमसे कहता हूँ। अगर तुम अपनी पत्नी को अच्छी तरह से देखो।

वह वही है। उस भगवान ने तुम्हारा भाग्य बांध दिया है। इसीलिए मैं तुम्हें बताता हूँ।

मैं किसी को नहीं जानता। हम कई भाइयों और बहनों के साथ काम करते हैं। और यह अच्छी बात है।

लेकिन इनमें से कोई भी ऐसा नहीं है जो आपकी पत्नी के साथ खड़ा हो सके। आमीन।

उनमें से कोई भी ऐसा नहीं है जो आपके जीवन का बोझ उठा सके। जैसा कि आपकी पत्नी करती है।

उनमें से कोई भी नहीं है। भगवान ने आपकी किस्मत को उनके गले में बाँध दिया है। आपकी पत्नी के रूप में।

या अपने पति के रूप में। इसीलिए तुम उससे चिपके रहोगे। इसीलिए तुम उसे कसकर पकड़ोगे।

इसीलिए तुम कहोगे कि हे प्रभु, मेरे और इस स्त्री के बीच कुछ नहीं आएगा। वह ही तुम्हारी नियति है।

हेलेलुयाह। तब रिबका उठ खड़ी हुई। और आदम ने कहा।

और वे ऊँट पर सवार होकर उस आदमी के पीछे चले गए। और नौकर रिबका को लेकर उसके रास्ते पर चला गया। एह? वे किस रास्ते पर गए? वह अपने रास्ते पर चला गया।

परमेश्वर ने उसे एक मार्ग दिखाया था। रिबका ने भी उसी मार्ग का अनुसरण किया। काश!

तो जब मैं कहती हूँ कि मैं अपने पति की मदद कैसे कर सकती हूँ? तो आप उनके लिए प्रार्थना करने जा रहे हैं। कहिए कि हे प्रभु मेरे पति को गलत रास्ते पर न जाने दें। उनके लिए प्रार्थना करना शुरू करें।

हे प्रभु, उसके लिए प्रार्थना करो। उसे कोई गलत निर्णय लेने मत दो। उसे अपने मार्ग से विचलित मत होने दो।

और अगर आप उसके लिए प्रार्थना करते हैं। भगवान आपकी प्रार्थना का जवाब देंगे। इसके बजाय कि आप तब तक इंतज़ार करें जब तक कि वह रास्ता न खो दे।

मैंने तुमसे कहा था। मैंने तुमसे कहा था। मैं तुमसे कह रहा हूँ।

तुम्हें लगता है कि मैं बुद्धिमान नहीं हूँ। मैं जानता हूँ कि मैं क्या कर रहा हूँ। तुम सब जानते हो कि कैसे करना है।

क्यों न आप इसे भगवान के हाथ में दे दें। और कहें कि बाबा इसे उन्हें दे दें। उन्हें इसे भगवान से प्राप्त करने दें।

आप की तरह नहीं। पुरुष। मैं अभी भी यह कबूल करना चाहता हूँ कि पुरुष।

उनका अहंकार बहुत मजबूत है। कई पुरुष अपनी पत्नियों से कुछ लेना नहीं चाहते। क्या यह ठीक है? लेकिन एक तरीका है जिससे एक महिला अपने पति के हाथ में कुछ दे सकती है।

और आदमी ने इसे अनजाने में ही ले लिया होगा। तुम्हें पता है कैसे? इसे भगवान को दे दो। इसे भगवान को दे दो।

तुम्हें याद है जब वह सारा की ज़िंदगी में आया था। वह औरत जिसके बारे में मैं तुम्हारे साथ पढ़ना पसंद करता हूँ, लेकिन फिर कभी नहीं। वह औरत।

वह अपने पति के अधीन थी। जब उसने कहा कि यहाँ आओ। तो वह चली गई।

लेकिन जब इश्माएल और आगा को बाहर निकालने की बात आई तो पहले तो आपको पता चला कि लड़की घमंडी थी। उसने सब कुछ खत्म कर दिया।

जब स्वर्गदूत उससे मिला तो स्वर्गदूत ने उससे क्या कहा? वापस जाओ और अब्राहम के सामने समर्पण करो।

किसको? अपनी मालकिन को। ऐसा ही होना चाहिए। लेकिन जब समय आया।

सारा ने अपने पति से कहा कि उस औरत को बाहर निकाल दिया जाए।

जन्मी स्त्री और उसका बेटा। क्योंकि वह मेरे बेटे के साथ विरासत नहीं लेगी। वह बिलकुल परमेश्वर का वचन बोलती है।

लेकिन पति इस पर अमल नहीं कर सकता। सिवाय इसके कि यह भगवान की तरफ से आए। तुम्हें याद है? तो उसने जाकर कहा भगवान।

भगवान ने कहा हाँ। जाओ और वही करो जो तुम्हारी पत्नी ने कहा है। देखो पत्नियाँ।

मुझे समझ नहीं आता कि तुम क्यों डर रहे हो। कोई ज़रूरत नहीं है। तुम्हें बस भगवान तक पहुँचने की ज़रूरत है।

आपके कुछ सुझाव। आप अपने पति से बात कर रही हैं। उन्होंने कहा कि नहीं हम ऐसा नहीं कर सकते।

चिंता मत करो। इस बारे में बहस मत करो। इसे झगड़ा मत बनाओ।

ठीक है बोलो। तो तुम हमसे क्या करवाना चाहते हो? हम तुम्हारा अनुसरण करेंगे। लेकिन फिर तुम इसे वापस बाबा के हाथ में दे दोगे।

अचानक जब वह जा रहा होगा, तो उसे बाबा का हाथ दिखाई देगा। यह ले लो।

यह नई दिशा है। यही आपकी पत्नी ने कहा। बाबा ने हाँ कहा।

दरअसल मैंने आपकी पत्नी से कहा था। अगली बार। जब आप कोई सुझाव देंगे।

उसे फेंकने के बजाय उसने कहा, हे प्रभु, क्या आप ही मेरी पत्नी के माध्यम से मेरे पास आ रहे हैं? हो सकता है कि वह आपकी शिक्षा ग्रहण करे। हो सकता है कि वह आपकी कही हुई बात का पालन भी करे।

लेकिन तुम्हारे द्वारा नहीं। वह इसे प्रभु के माध्यम से प्राप्त कर रहा है। केवल पत्नियाँ ही ईश्वर में छिप सकती हैं।

अपने पति पर सकारात्मक प्रभाव डाल सकते हैं। हम ऐसा नहीं कहते। अपनी पत्नी की बात मत सुनो।

नहीं। पति अपनी पत्नी की बात सुनेंगे। लेकिन परमेश्वर के ज़रिए।

अगर मेरी बहनें हैं। जो अपने सुझाव पर जोर नहीं देतीं। लेकिन वे पहले इसे भगवान के पास ले जाती हैं।

हे प्रभु, कहो। मेरे पति जिस रास्ते पर जा रहे हैं, मुझे नहीं लगता कि यह सही है।

हे प्रभु, क्या आप कृपया उसे निर्देश दे सकते हैं? मैं सोच रहा था कि अगर हम इस तरह से चलें तो यह अच्छा काम करेगा।

और अगर बाबा सहमत हैं, बाबा ने कहा कि यह सच है, बाबा ने कहा कि कृपया जाकर उन्हें बता दीजिए।

उन्होंने कहा, "नहीं बेटा। तुम्हें पता है कि मुझे उसे नहीं बताना चाहिए। तुम खुद ही उसे बताओ।"

और इससे पहले कि मैं उसे बताऊँ, उसे यह सुनने दो। तुम्हारे मुँह से।

और बाबा ने कहा ठीक है। ध्यान से सुनो। जब तुम आवाज़ सुनो।

इसका मतलब है शहतूत के पेड़ों पर। यही वह समय है जब आप बोल सकते हैं। पत्नियाँ।

यह संभव है। अपने पति से कब बात करनी है, यह जानना। जब केवल वसंत ही मैं कहूँगी।

हाँ, मैंने उससे निपट लिया है। अब उसे बताओ। मैंने रेबेका के बारे में बहुत कुछ बोल दिया है।

है न? चलिए अब इसहाक को देखते हैं। और इसहाक रास्ते से आया था। रास्ते से।

दक्षिण देश में सूखा पड़ने के कारण इसहाक बाहर खेत में ध्यान करने चला गया।

आप एक आदमी को देखते हैं। वह शादी करने लायक आदमी है। अब आप उसके बारे में क्या देखते हैं? वह एक प्रार्थनाशील आदमी था।

वह एक आदमी था जो परमेश्वर की उपस्थिति में रहता था। आप लाहिरोई का नाम जानते हैं। इसका अर्थ है उसका कुआँ।

वह क्या करता है? वह मुझे देखता है। एक आदमी जो परमेश्वर की उपस्थिति में रहता है। जो जीवन के जल के कुएँ के पास रहता है।

वह शाम के समय खेत में ध्यान करने के लिए गया। वह प्रार्थना करने गया। अब बाइबल पर नज़र डालें।

ये बहुत ही साधारण सी बातें हैं। उसने अपनी आँखें ऊपर उठाईं। और क्या किया? और देखा।

और देखो, ऊँट आ रहे थे। बाइबल कहती है। उसने ऊपर देखा।

और ऊँटों को आते देखा। और फिर 64. और रिबका।

क्या किया? उसने अपनी आँखें ऊपर उठाईं। और इसहाक को देखा। इसका क्या मतलब है? अब इसका क्या मतलब है? मैं समझ गया।

देखने के लिए सही जगह। अपने आप को देखने के लिए। ठीक से।

ऊपर देखना है। एक दूसरे के लिए प्रभु की ओर देखो। एक दूसरे के चेहरे को देखना बंद करो।

अगर आप एक दूसरे के चेहरे को देखेंगे तो आपको हर तरह की परेशानियाँ नज़र आएंगी। हर तरह की समस्याएँ। ये आपको दूर कर देंगी।

लेकिन अगर आप उसकी ओर देख रहे हैं। उसे देखने से पहले आप प्रभु को देख चुके होंगे। आप उसे सिर्फ़ प्रभु की खूबसूरती में ही देख पाएँगे।

और तुम उसे प्रभु की सुन्दरता में देखोगे। उन दोनों ने ऊपर देखा। सुन्दर।

अगर पति और पत्नी एक दूसरे का ख्याल रखेंगे। एक दूसरे के लिए प्रभु की ओर देखेंगे। जब आपकी पत्नी कुछ ऐसा करती है जो आपको समझ में नहीं आता।

उसका सामना करने के बजाय, आप पहले भगवान की ओर क्यों नहीं देखते और कहते हैं, हे भगवान!

मुझे समझ नहीं आता कि मेरी पत्नी ने ऐसा क्यों किया। और भगवान ने कहा। चिंता मत करो।

यह एक गलती है। मैं उससे कहूँगा कि वह ऐसा दोबारा न करे। यह सिर्फ़ एक गलती है।

जब प्रभु आप पर इस तरह से शासन करता है। आप जानते हैं कि यह कितना आसान है। आप नहीं कहेंगे।

माफ़ करना। मुझे पता है। वह बात एक गलती थी।

प्रभु ने मुझसे कहा कि यह सिर्फ़ एक गलती थी। तुम्हें पता है। वह उम्मीद कर रही थी कि तुम उस पर प्रहार करने वाले हो।

और कहो. अपनी तरफ देखो. तुम ऐसा क्यों कर रहे हो.

परन्तु क्योंकि प्रभु ने पहले ही तुम्हारा प्रबंध कर दिया था। उसने कहा। चिंता मत करो।

मुझे आपके दिल को सहलाने की ज़रूरत है। वह मुक्त हो जाएगी और आराम करेगी। और लगभग आपके दिल पर टूट पड़ेगी।

उन्होंने एक दूसरे की तरफ देखा। तो देखिए। जब उसने इसहाक को देखा।

उसने ऊँट को जलाया। अगला नोट। उसने क्या किया? इसे मेरे लिए दूसरे संस्करण में पढ़िए।

जब उसने इसहाक को आते देखा।

उसने क्या किया? इसे पढ़ें। श्लोक 64. मैंने इसहाक को देखा।

वह ऊँट से उतरी और नौकर से कहा, "आमीन।"

वह नीचे उतरी। अपने ऊँट से। बहनें।

आप शादी नहीं कर सकते। अपने ऊँटों पर। क्या तुम मुझे समझ रहे हो? आप शादी नहीं कर सकते।

जिस रथ पर तुम सवार हो, मैं जानता हूँ कि तुम अपने पिता के घर से जिस ऊँट पर सवार होकर आई हो, वह वही है। लेकिन जब तुम अपने पति के जीवन में प्रवेश करने वाली हो।

कृपया आपको क्या करना चाहिए? शांत हो जाओ। मैं सभी बहनों से क्या कहूं? शांत हो जाओ। अपने ऊँट से शांत हो जाओ।

तुम्हारा विश्लेषण का ऊँट। तुम्हारी खुली आँखों का ऊँट। तुम्हारी समझ का ऊँट।

तुम्हारा ऊँट बड़ा, बड़ा, बड़ा, बड़ा, बड़ा अंग्रेजी का है। अगर तुम शादी करना चाहते हो तो। क्या करो प्लीज? शांत हो जाओ।

ऊँट पर सवार होकर शादी नहीं की जा सकती। जब उसने इसहाक को देखा तो वह तुरंत क्या करने लगी? वह ऊँट से नीचे उतर आई।

अपने पिता के घर में पहुँचने से पहले तुम कुछ ऊँटों पर सवार होते हो। केवल परमेश्वर ही उन ऊँटों का अर्थ तुम्हें बताएगा। तुम उन्हें जानते हो।

आप शादी के लिए ऊंटों पर सवार होने पर जोर नहीं दे सकते। इससे आपकी शादी बिखर जाएगी। शांत हो जाइए।

आप प्रोफेसर हो सकते हैं। जब आप वास्तव में शादी करना चाहते हैं। शांत हो जाइए।

आप प्रोफेसर की तरह शादी नहीं करते। क्या आप मेरी बात सुन रहे हैं? आपमें से कुछ लोग भगवान की कृपा से वकील के तौर पर प्रशिक्षित हैं। आप यहाँ-वहाँ अपराधियों से जिरह करते हैं।

जब आप शादी करने वाले होते हैं, तो मुझे माफ़ करें। आप क्या करते हैं? शांत हो जाइए।

इस बात से शांत हो जाओ। तुम अपने पति को साबुन के डिब्बे में डालकर यह नहीं कह सकती कि तुम ऐसा करो। लेकिन तुमने यह काम क्यों किया? नहीं।

शांत हो जाओ। शांत हो जाओ। ये सब मुझसे सवाल नहीं करते।

मुझे पता है कि तुमने यह तब सीखा था जब तुम सिंगल थे। तुम नहीं चाहते कि लोग तुम्हें धोखा दें। इसलिए तुम इस ऊंट पर सवार हो।

और इसने तुम्हें कई जगहों पर पहुँचाया है। इसने तुम्हें प्रमुख बनाया है। लेकिन अब जब तुम शादी करने जा रही हो।

तुम्हें क्या करना चाहिए? शांत हो जाओ। तुम उन ऊँटों पर बैठकर विजयी विवाह नहीं कर सकते। शांत हो जाओ।

शांत हो जाओ। कभी-कभी आपको अपनी बुद्धि से शांत होना पड़ता है। अपनी शादी को आगे बढ़ाने के लिए।

शांत हो जाओ। रेबेका के लिए भगवान का शुक्र है। उसे अचानक पता चल गया कि यह वह आदमी है जिससे तुम ऊँट पर नहीं मिल सकते।

शांत हो जाओ। आप में से कुछ लोग तो ऐसे भी हैं जिन्हें आध्यात्मिक प्रशिक्षण मिला है। आप जिस चर्च से आ रहे हैं, वहाँ से भी यही हो रहा है।

जिस तरह से वे चर्च में बात करते थे और यह सब। और जब आप शादी के लिए आ रहे हैं। आप अपनी शादी में उस ऊँट की सवारी नहीं कर सकते।

क्या करें? शांत हो जाएं। शांत हो जाएं। आप ना कहें।

नहीं, हमारे चर्च में ऐसा नहीं है।

सिवाय इसके कि आप दोबारा शादी नहीं करना चाहतीं। अगर आप दोबारा शादी नहीं करना चाहतीं तो आप अपने ऊँट पर सवार होकर जंगल में वापस जा सकती हैं। कई औरतें ऊँट पर सवार होती हैं और इसीलिए उनके पास कोई पति नहीं होता।

मैं जानता हूँ कि भगवान ने तुम्हें बहुत सारे ऊँट दिए हैं। ये तुम्हारे पिताओं से मिले उपहार हैं। लेकिन शादी में हम ऊँट की सवारी नहीं करते।

हम क्या करें? हम शांत हो जाएं। वह नीचे आ गई। वह नीचे आ गई।

वह नीचे आई। उसने नौकर से पूछा था, "यह कौन आदमी है जो हमसे मिलने के लिए मैदान पर चला आ रहा है?" नौकर ने कहा, "यह मेरा स्वामी है।"

उसने एक और काम किया। एक और महत्वपूर्ण काम जो उसने किया। वह नीचे आई।

क्या यह ठीक है? अपने ऊँटों से। उसने फिर क्या किया? उसने घूँघट ले लिया। वह अपने पति को खुली आँखों से नहीं देख सकती थी।

अब समझ में आया? उसने घूंघट लिया और आप सभी को ढक लिया। हाँ, मैं आपको बता रहा हूँ।

जब आप अकेली लड़की होती हैं। यह सामान्य बात है। जब आप विश्वविद्यालय में अपने सहपाठियों के बीच घूमती रहती हैं।

जब युवक आपकी बहन से कहता है। मैं कहता हूँ हाँ। तुम्हारा क्या मतलब है? तुम्हारा क्या मतलब है? आमतौर पर अगर आप ऐसा नहीं करते हैं तो वे आपको धोखा देंगे।

है न? लेकिन यह आदमी तुम्हारा सहपाठी नहीं है। वह तुम्हारा पति है। तो तुम क्या करोगी? शांत हो जाओ और घूंघट डाल लो।

आप देखिए कि बाइबल में कहा गया है। महिलाओं को शर्म से मुंह ढंकना चाहिए। हम जीवन की बात कर रहे हैं।

योरुबा संस्करण बहुत दिलचस्प था। उन्हें खुद को सुंदर बनाने के लिए शर्मिंदगी का इस्तेमाल करना चाहिए। यही बात 1 तीमुथियुस अध्याय 2 में कही गई थी।

उसने घूंघट ले लिया। वह एक आवरण के नीचे आने वाली थी। समर्पण का संकेत।

विनम्रता की निशानी। उसने खुद को घूंघट से ढक लिया। हेलेलुयाह।

तो इसहाक की प्रतिक्रिया क्या थी? श्लोक 67. और इसहाक ने क्या किया? उसे लाया।

अपनी माँ सारा के तंबू में। क्या तुमने सुना कि मैंने क्या कहा? और इसहाक उसे वहाँ ले आया जहाँ उसकी माँ हुआ करती थी। एकमात्र जगह जो तुम्हारी पत्नी को हरा देती है।

आपकी माँ का तंबू। आपकी ज़िंदगी में आपकी माँ का जो स्थान था। आपने अपनी माँ को जो सम्मान दिया।

तुमने अपनी माँ को जो सम्मान दिया है। यहीं है। प्रभु की स्तुति।

यही वह जगह है जहाँ पत्नी को रखा जाना चाहिए। माँ का तंबू। मैं तुम्हें जानता हूँ।

आप अपने पिता को आसानी से भूल सकते हैं। लेकिन क्या आप पहले कभी अपनी माँ को भूल पाए हैं? क्या यह संभव है? क्या आप अपनी माँ को भूल पाए हैं? यह एक यात्रा है।

यही बात माताओं को अपरिहार्य बनाती है। और यही भगवान ने तय किया है।

आपकी पत्नी के लिए प्रवेश के अलावा कोई और जगह नहीं है। वह जगह ठीक रहेगी।

अगर. तुम्हारी पत्नी उस जगह में प्रवेश नहीं करेगी. तुमने अपनी माँ को जो सम्मान दिया.

अब यह सब उसका है। देखभाल। सम्मान।

कोमलता। सुनने वाला कान। जो तुमने अपनी माँ को दिया।

वह वास्तव में आपकी माँ बन जाती है। आप बाइबल देखिए।

हमारी संस्कृति के विपरीत है। वह औरत। जिसे भगवान तुम्हें पत्नी के रूप में दे रहा है।

क्या आप कृपया उसे वहाँ से ले जा सकते हैं जहाँ आप उसे रख रहे हैं। और उसे वहाँ ले जा सकते हैं जहाँ आपने अपनी माँ के लिए जगह आरक्षित की है।

तुमने पहले कभी अपनी माँ को गाली नहीं दी है। तुम्हारे लिए अपनी पत्नी को गाली देना अजीब होगा। ऐसा नहीं है कि तुम्हारी माँ ने कभी दुर्व्यवहार नहीं किया।

लेकिन क्योंकि वह तुम्हारी माँ है। तुमने उसके साथ सहन किया। और रेबेका ने सहन किया।

लाया, मेरा मतलब है इसहाक उसे अपनी माँ के बिस्तर पर लाया।

यह तो पहली बात है। तो मैं आपसे पूछता हूँ। आज आपकी पत्नी कहाँ है? क्या आप अपनी पत्नी के सामने शेखी बघारते रहते हैं और कहते हैं।

ओह मेरी माँ। ओह प्यारी माँ। मेरी माँ।

कोई भी छोटी सी बात हो तो मैं अपनी माँ से मिलने जा रहा हूँ। कोई भी छोटी सी बात हो तो। अगर वो मेरी माँ है।

और यही कारण है कि कई विवाहों में सबसे बड़ी समस्या सासें होती हैं।

क्या आपने इस पर गौर किया है? सास-ससुर ही नहीं, बल्कि ससुर भी। सास-ससुर ही होते हैं। मांओं के लिए अपने बेटे को छोड़ना मुश्किल होता है।

और फिर भी अगर तुम एक अच्छी शादी करना चाहते हो। उस औरत को अपनी जगह लेनी होगी। अगली बार जब माँ अपने तंबू में सोने आएगी।

ओह, वह पहले से ही वहाँ है। बताओ मेरी जगह कौन ले रहा है? कहो आह माँ मुझे तुम्हें बताना चाहिए कि अब मेरी एक और माँ है। तुम्हें हिम्मत रखनी चाहिए।

अपनी माँ को यह बात बता देना। जब वह आएगी तो वह अपने तंबू के बाहर ही सोएगी।

यह आमतौर पर माताओं के लिए आसान नहीं होता। लेकिन वे सीख जाएँगी। आगे।

चरण. वह श्लोक 67. यह क्या है? और रेबेका को ले लिया।

आपको इसमें 'take' शब्द दिखेगा। इसे पढ़ते ही आपको पता चल जाएगा। यह व्याकरणिक नहीं लगता।

आप कैसे लेते हैं? आप कैसे लेते हैं? जैसे कि यह लेने के लिए एक पिन है। लेकिन बाइबल बहुत दिलचस्प है। इसका क्या मतलब है? उसने रेबेका को ले लिया।

आप देखिए। बाइबल ने हमें ऐसा करने के लिए मजबूर किया। उसने रेबेका को लिया।

उसने उस व्यक्ति को ले लिया। उसने उसकी पोशाक नहीं ली। उसने उसके पैसे नहीं लिए।

उसने उसकी संपत्ति नहीं ली। उसने क्या लिया? रेबेका। पूरा इंसान।

अच्छा और बुरा। कोई भी व्यक्ति ऐसा नहीं है जो अच्छा या बुरा हो।

और अंदर कुछ भी कड़वा नहीं है। हम ऐसे नहीं बने हैं। हम सभी के अंदर अच्छा खून है।

यह बहुत ही कड़वा है। क्या यह सही है? लेकिन यह अंदर है। और इसहाक ने क्या किया? इसहाक ने रेबेका को ले लिया।

उसने उसे पूरी तरह से अपने अंदर समा लिया। उसने कुछ नहीं कहा। नहीं नहीं नहीं नहीं।

मुझे ये सब नहीं चाहिए। मुझे तुमसे सिर्फ़ तुम्हारे स्तन चाहिए। और कुछ लोग।

वे अपनी पत्नियों से सिर्फ सेक्स लेते थे। अन्य जिम्मेदारियाँ लेते थे।

उसने कहा कि जाओ और इसे संभालो। उसने सिर्फ़ रेबेका की चीज़ें ही नहीं लीं। उसने रेबेका को भी ले लिया।

पूर्ण स्वीकृति। आप नहीं जानते। आप शब्द जानते हैं।

जब मैं योरूबा में पढ़ रहा था। योरूबा मेरे लिए अधिक मजबूत था। मैं योरूबा में पढ़ रहा था।

मुझे एक आदमी मिला। मुझे एक औरत मिली। क्या तुम औरत शब्द जानते हो? औरत का मतलब क्या है? औरत।

क्या अब तुम्हें समझ में आया? औरत। तुम वहाँ जो भी देखती हो। क्या करती हो? औरत।

इसे ले लो। क्या अब तुम समझ गए हो? इसे ले लो! और उसने रिबका को ले लिया। इसे ले लो! हम प्रार्थना नहीं करते कि तुम्हारी पत्नी को दफनाया जाए, लेकिन अगर वह दफना दी गई है, तो उसे दफना दो! फरमा! और उसने रिबका को ले लिया।

मैं तुम्हें अब दिखाऊँगा कि उसने रिबका को ले लिया। उस औरत को 20 साल तक दफ़न किया गया। और उसने रिबका को ले लिया।

वह उसे ले गया! उसने कहा, वह मेरी पत्नी है। हो सकता है कि उसके जीवन का कोई ऐसा पहलू हो जिसकी आपने उम्मीद नहीं की हो। और अचानक आपको पता चलता है कि, आह, मुझे नहीं पता था कि यह ऐसा है।

बाइबल में क्या लिखा है उसने क्या किया? उसने इसे ले लिया! फरमा! आप देखिए, यह अब हमारे लिए सही शब्द लगता है। उसने इसे ले लिया! उसने रिबका को ले लिया। वह मेरा घर है! उसने अब बैठकर यह नहीं कहा, मुफेल, मुझे यह पसंद नहीं है।

मुझे यह चाहिए। उह-उह, यह नहीं। आह! मैं फिर कौन सा ले सकता हूँ? ऐसा कुछ नहीं है।

उसने रिबका को ले लिया। आप देखिए, सही विवाह में स्त्री के किसी भी पहलू को बाहर नहीं किया जाता। इसमें सब कुछ ले लिया जाना चाहिए।

और जब आप अपनी पत्नी को इस तरह से लेना शुरू करेंगे, तो आप विकसित होंगे। आप विकसित होंगे! इसके बजाय, ज़ेकाई! आप जानते हैं, आप अपनी पत्नी के बारे में जो ज़्यादातर शिकायत करते हैं, कभी-कभी जब मैं लोगों से बात करता हूँ और उन्हें सलाह देता हूँ, तो वे सोचते हैं, अरे भाई, आप महिलाओं के पक्ष में हैं। मैं कहता हूँ, नहीं, मैं नहीं हूँ।

मैं सिर्फ़ बाइबल का समर्थक हूँ। मुझे सिर्फ़ बाइबल का पालन करना पसंद है। उसने क्या कहा कि अब तुम्हें क्या करना चाहिए? फ़रामा! चाहे लंबा हो या छोटा, क्या करो? इसे ले लो।

और उसने रिबका को ले लिया। फिर अगला शब्द, और वह उसकी पत्नी बन गई। आप जानते हैं कि यह बहुत तुच्छ लगता है।

वह उसकी पत्नी बन गई। वह उसकी ज़िम्मेदारी बन गई। वह देखभाल की वस्तु बन गई।

वह उसकी कोमलता की वस्तु बन गई। वह उसकी पत्नी बन गई। जब मैं वह बाइबल पढ़ता हूँ, तो वह मुझे छू जाती है।

वह अब रिबेका से किसी बाहरी लड़की की तरह संबंध नहीं रख सकती। तुम समझ रही हो कि मैं तुम्हें क्या बता रहा हूँ? मैं किसी बहन की बात सुनने के लिए विशेष रूप से जिम्मेदार नहीं हूँ। क्या यह ठीक है? अगर मैं तुम्हारी बात सुनता हूँ, तो मैं बहुत, बहुत विनम्र बन रहा हूँ।

लेकिन एक है जिसकी बात मुझे सुननी चाहिए। वह कौन है? मेरी पत्नी। उसने कहा, वह उसकी पत्नी बन गई।

पति होने की ज़िम्मेदारी। क्या आप इस पत्नी का भरण-पोषण करने जा रहे हैं? वह उसकी पत्नी बन गई। उस समय से पहले, इसहाक के पास कोई नहीं था जिसकी वह देखभाल कर सके।

इसहाक के परिवार में कई लड़कियाँ हैं। एलीआजर की कई बेटियाँ और कई अन्य लड़कियाँ थीं। लेकिन उनमें से कोई भी उसकी पत्नी नहीं बनी।

वह उनमें से किसी का भी पति नहीं है। इसलिए जब बाइबल कहती है कि उसे एक ही पत्नी का पति होना चाहिए। एक ऐसा आदमी जो सिर्फ़ एक ही पत्नी की देखभाल करता है।

ऐसे कई भाई हैं जिनकी कई पत्नियाँ हैं। लेकिन उनकी दूसरी पत्नियाँ तो महिलाएँ भी नहीं हैं। कुछ की शादी कंप्यूटर से हुई है।

आप जानते हैं कि कंप्यूटर अब उनकी पत्नी है। वे अपनी पत्नियों की देखभाल करने की तुलना में कंप्यूटर को बनाए रखने के लिए अधिक पैसा खर्च करते हैं। कुछ लोगों ने कुत्ते से शादी कर ली।

कुत्ता। अगर आप उनके कुत्ते के साथ कुछ भी करते हैं, तो आप उन्हें मैडम के सामने देखते हैं और कहते हैं, देखो, तुमने क्या किया, कीमत और कीमती? वह कुत्ता है। परिवार के पास खाने के लिए कुछ नहीं बचा है।

लेकिन कीमती को खाना चाहिए। अब कीमती क्या है? पत्नी बन गई है। आपकी पत्नी कौन है? आपकी पत्नी कौन है? आप में से कुछ लोग हैं, मंत्रालय आपकी पत्नी है।

सेवकाई। आपका चर्च आपकी पत्नी है। आप सुबह से रात तक मेरी सेवकाई, मेरी सेवकाई, मेरी सेवकाई, मेरी सेवकाई कहते रहते हैं।

आप अपना सारा ध्यान सेवकाई पर लगाते हैं। पत्नी के लिए कुछ नहीं। आपकी दो पत्नियाँ हैं।

आपकी दो पत्नियाँ हैं। और वह उसकी पत्नी बन गई। इस तरह वह पति बन गया।

भगवान तुम्हें पति बनाए। वह उसकी पत्नी बन गई। और वह उससे प्यार करता था।

अब आप समझ गए होंगे कि प्यार कहाँ से आता है? वह उससे प्यार करता था। पति की एकमात्र विशेषता प्यार है। वह उससे प्यार करता था।

और आप देखिए, इसहाक को अपनी माँ की मृत्यु के बाद सांत्वना मिली। पत्नी को सांत्वना देनी चाहिए। पत्नियों को सहारा देना चाहिए।

पत्नियों को पूर्णता लानी चाहिए। ईश्वर यीशु के नाम पर हमारे घरों को आशीर्वाद दें। इससे कोई फर्क नहीं पड़ता कि समस्या विवाह की हो सकती है।

बाइबल के अनुसार विवाह में आमतौर पर कोई समस्या नहीं होती। और समस्या कुछ भी नहीं है। यह विवाह तोड़ने का कोई कारण नहीं है।

तूफ़ान आम तौर पर सिर्फ़ आपको और भी ज़्यादा एक दूसरे से जोड़ने के लिए आते हैं। आपने देखा कि मैंने इसहाक के बारे में कैसे रिपोर्ट की है? आप जानते हैं, बुढ़ापे में भी, वह अपनी पत्नी के साथ खेलकूद कर रहा था। आपको याद है वे कहाँ गए थे? और उस देश के राजा, मुझे लगता है गेरा, जब वे गए, तो उनके पिता ने जो गलती की थी, वही गलती उन्होंने भी की।

वे उनसे कहते हैं कि तुम मेरी पत्नी नहीं हो। तो एक दिन, राजा खिड़की पर बैठा था और बालकनी से देख रहा था और उसने इसहाक को देखा। क्या कर रहे हो? खेल रहे हो।

तुम्हें पता है कि बाइबल सिर्फ़ विनम्र होना है। खेल-कूद। उसने कहा कि वह अपनी पत्नी को दुलार रहा था।

यही अर्थ है। उसे अपनी पत्नी पर बहुत गर्व था कि वे दोनों बाहर साथ खेल सकते थे। इतने सारे पति? नहीं।

वे बहुत शत्रुतापूर्ण हैं। अगर वे जनता के बीच हैं और वे कहते हैं, आप क्या दे रहे हैं? आप क्या दे रहे हैं? नहीं, नहीं, नहीं। मुझे यहाँ परेशान मत करो।

मुझे यहाँ परेशान मत करो। यहाँ कुछ भी नहीं है। आप इसे ही अध्यात्म समझते हैं।

ऐसा नहीं है। ऐसा नहीं है। ऐसा नहीं है।

इसहाक, वह अपनी पत्नी से प्यार करता था। उसने उसे ले लिया है। उसने उसे स्वीकार कर लिया है।

उसे पब्लिक में उसके साथ खड़े होने में कोई शर्म नहीं है। वे कहीं भी साथ जा सकते हैं। इतना बोलने और कहने की ज़रूरत नहीं है, वह उसकी पत्नी है।

वे कहते हैं, उसकी पत्नी कहाँ है? वे कहते हैं, ओह, तुम उस महिला को नहीं जानते। वह उसकी पत्नी है। नहीं।

वे एक साथ बातचीत कर सकते हैं। वे दोस्त थे। वह सिर्फ़ बेडरूम में ही प्यार का प्रदर्शन नहीं करता था जब रोशनी नहीं होती थी।

यहीं पर ज़्यादातर भाई अपना प्यार दिखाते हैं। वे कहते हैं, मैं तुमसे प्यार करता हूँ। मैं तुमसे प्यार करता हूँ, जबकि वहाँ कोई रोशनी नहीं होती।

लेकिन इसहाक ने पत्नी को गले लगा लिया। सार्वजनिक रूप से भी, वे एक साथ खड़े हो सकते थे। लेकिन आप जानते हैं कि उनकी शादी को 20 साल हो गए थे।

इसहाक ने क्या किया? बाइबल कहती है, अध्याय 25 की आयत 20 में इसहाक 40 साल का था जब उसने रिबका को अपनी पत्नी बनाया। वह पद्दन अराम के सीरियाई बतूएल की बेटी थी। और

इसहाक ने अपनी पत्नी के लिए कानून की विनती की क्योंकि वह शादीशुदा थी।

और प्रभु ने उससे विनती की और उसकी पत्नी रिबका गर्भवती हुई। क्या तुम देख सकते हो? पत्नी पर आरोप लगाने और यह कहने के बजाय कि, देखो, तुम ही मुझे देरी कर रही हो। उसने क्या किया? उसने प्रभु से विनती की।

उसने प्रभु से विनती की, हे प्रभु, कृपया हमारी सहायता करें। और प्रभु ने उसे उत्तर दिया, उसकी पत्नी गर्भवती हो गई।

उन्होंने अपनी समस्याओं का समाधान प्रार्थना से किया, लड़ाई से नहीं। अगर आप 20 साल तक किसी पत्नी से शादी करते हैं और वह कुछ भी नहीं देती है, तो आप क्या करेंगे? मेरे पास ऐसे पादरी हैं, जो अपनी पत्नियों से कुछ भी न मिलने के कारण अब कोई कारण बताते हैं और कहते हैं, वास्तव में, आप जानते हैं, प्रभु ने वास्तव में मुझे इस विवाह में नहीं लाया। इसलिए वे क्षतिपूर्ति करने की बात करने लगते हैं और उन्होंने अपनी पत्नियों को इसलिए छोड़ दिया क्योंकि वे विवाहित हैं, सिर्फ़ इसलिए क्योंकि वे एक बच्चा चाहते हैं।

इस भाई ने अपनी पत्नी को ले लिया। वह शादीशुदा थी, उसने उसे ले लिया। 20 साल, उसने उसे ले लिया।

वे हर जगह साथ-साथ जाते थे। जब उसने प्रार्थना की, तो वह गर्भवती हो गई। मैंने उस महिला में एक बात देखी कि वह प्रार्थना करती थी।

मैं उन दोनों को शुरू से ही जानता हूँ, वे सभी प्रार्थनाशील थे। सभी प्रार्थनाशील थे। चलो यहाँ रुकते हैं, भाइयों, क्योंकि जैसा कि मैं देख रहा हूँ, अगर हम आगे बढ़ते रहे तो शायद हम आज यहाँ से न निकल पाएँ।

हम साथ मिलकर प्रार्थना करने जा रहे हैं। भगवान ने चाहा है कि आपकी शादी सफल हो। और मैं चाहता हूँ कि आप यही दावा करें।

मैं चाहता हूँ कि आप हमसे और ईश्वर से सहमत हों। यह संदेश हमारे घर को प्रभावित करेगा। यह संदेश हमारे घर को प्रभावित करेगा।

आपके जीवन पर परमेश्वर का ध्यान केन्द्रित करने का कारण

पॉडकास्ट ऑडियो लिंक के नीचे

https://podcasters.spotify.com/pod/show/otakada/episodes/Brother-Gbile-Akanni-Messages-The-Reason-For-Gods-Focus-On-Your-Life-e2knn3g

पिता जी, आज रात हम खड़े हैं। हम आपके पास आये हैं।

और बाइबल कहती है, प्रभु के लोगों का जमावड़ा होगा। आपने हमारे बारे में जो कुछ भी देखा, हमारे बारे में जो भी दर्शन आपने किया, कि आपने हमें जीवित रखा है, कि आपने हमें हमारी पीढ़ी के बीच बह जाने नहीं दिया, वह दर्शन यीशु मसीह के नाम पर अवश्य ही पूरा होगा। वे चीज़ें जो आपने देखीं, वे चीज़ें, हे परमेश्वर, जिन्हें आपने यहाँ खड़े हर जीवन पर अपनी दृढ़ सलाह से निर्धारित किया है, यीशु मसीह के नाम पर कुछ भी इसे रोक नहीं सकता।

यीशु मसीह के नाम पर कुछ भी इसे छोटा नहीं कर सकता। यीशु का जन्म कुछ बनने के लिए हुआ था, लेकिन दुर्भाग्य से, इससे पहले कि वह अपने सपने को साकार कर पाता, कुछ ने उसके जीवन के साथ छेड़छाड़ की। इस रात हम अंधकार के साम्राज्य

द्वारा हर रुकावट, हर व्याकुलता, हर अपहरण की घोषणा करने के लिए खड़े हैं।

हम आज रात यीशु मसीह के नाम पर यह घोषणा करने के लिए खड़े हैं कि ऐसा नहीं हो सकता। यीशु मसीह के नाम पर ऐसा नहीं हो सकता। पवित्र आत्मा, बाबा ने हमारे लिए एक निश्चित समय निर्धारित किया है।

उस समय, यीशु मसीह के नाम पर कुछ भी छूट नहीं जाएगा। इसलिए आज रात, जब हम इस मीटिंग की शुरुआत कर रहे हैं, तो मैं बस यही माँगना चाहता हूँ कि आपका दिव्य वचन हमारे पास आए। कि आपकी दिव्य सलाह यीशु मसीह के नाम पर हमारे सामने प्रकट होनी शुरू हो जाए।

मैं पिता से प्रार्थना करता हूँ कि आज रात यहाँ किसी भी जीवन पर शैतान के हर छल-कपट के लिए, मैं आपका सेवक बनकर खड़ा हूँ, और अभिषेक के कारण, हम यीशु के नाम पर ऐसे छल-कपट को तितर-बितर कर देते हैं। हर संघ जो परमेश्वर द्वारा नहीं बुलाया गया है, जो यह देखने के लिए बैठा है कि ये बच्चे अपनी विरासत में नहीं जाएँगे, वह संघ आज रात एक अपराधी घोषित किया जाता है। इसलिए इस बैठक से, हम आपको यीशु मसीह के नाम पर तितर-बितर कर देते हैं।

कौन कहता है शैतान और वह सच हो जाता है और वह प्रभु नहीं है। हर कैंसर जो आपने परमेश्वर के उद्देश्य के विपरीत लिया है, यहाँ

खड़े किसी भी बच्चे पर, हम यीशु के नाम पर इसे शून्य और अमान्य घोषित करते हैं। हमारी प्रार्थना सुनने के लिए धन्यवाद।

और इस रात, हे पिता, यह वचन जो आप हमें भेजना चाहते हैं, उसे अभी हमारे पास पहुँचाएँ। सुनने के लिए आपका धन्यवाद। यीशु मसीह के नाम में, हमने प्रार्थना की है।

आमीन। मुझे लगता है कि स्वर्ग आपके बारे में इतना क्यों उत्साहित है, इसका एक कारण है। क्योंकि एक महत्वपूर्ण कार्य है जिसे पूरा करने के लिए आप पैदा हुए हैं।

और यही वह है, जिसके बारे में परमेश्वर की आत्मा बोल रही है, समय के संबंध में, आपके कारनामों के लिए निर्धारित समय के बारे में। मैं आज रात बस आपका स्वागत करने के लिए एक बहुत छोटा सा अंश पढ़ना चाहता हूँ। परमेश्वर आपके जीवन में क्यों निवेश कर रहा है? परमेश्वर मेरे जीवन में इतना निवेश क्यों कर रहा है? स्वर्ग को आप में इतनी दिलचस्पी क्यों है? और नरक आपके कारण बहुत ही संकटपूर्ण स्थिति में क्यों है? शैतान क्यों परेशान है? शैतान आपके बारे में क्यों घबराया हुआ है? शैतान क्यों जी-जान से लड़ रहा है? वह आपके बारे में क्यों बेचैन है? और परमेश्वर इस समय आप पर अपना ध्यान क्यों केंद्रित कर रहा है? यही वह संक्षिप्त शब्द है जिसे मैं आज रात कहना चाहता हूँ।

और जब हम इस मीटिंग को अपने लक्ष्य पर ले जाने के लिए एक साथ प्रार्थना करते हैं, तो मुझे भरोसा है कि परमेश्वर की आत्मा इस बात की व्यक्तिगत अंतर्दृष्टि लाएगी कि परमेश्वर आपके

जीवन पर क्यों ध्यान केंद्रित कर रहा है। मैं आपके लिए एक बहुत ही परिचित अंश पढ़ूंगा। और मैं थोड़ी देर के लिए बोलना चाहूँगा।

तो, कृपया मेरे साथ इब्रानियों की पुस्तक पर चलें। इब्रानियों अध्याय 11। इब्रानियों अध्याय 11।

पद 23 और पद 24। हम इसे पद 27 तक पढ़ सकते हैं। लेकिन आज रात मैं जो देख रहा हूँ, वह शायद हमें पद 27 तक पहुँचने की अनुमति न दे।

क्योंकि मैं सिर्फ़ प्रार्थना का मुद्दा उठाना चाहता हूँ। और फिर हम आज रात मिलकर प्रार्थना करेंगे। इससे पहले कि हम सो जाएँ और एक साथ मिलकर बैठक शुरू करें।

इब्रानियों 11. श्लोक 23 और 24. विश्वास ही से मूसा को उसके माता-पिता ने जन्म के बाद तीन महीने तक छिपा कर रखा।

क्योंकि उन्होंने देखा कि वह एक अच्छा बालक है। और वे राजा की आज्ञाओं से नहीं डरते थे। विश्वास ही से मूसा ने सयाना होकर फिरौन की बेटी का पुत्र कहलाने से इन्कार कर दिया।

उसने पाप के सुखों को थोड़े दिन तक भोगने के बजाय परमेश्वर के लोगों के साथ दुःख भोगना अधिक पसन्द किया। उसने मसीह के धन के कारण होने वाली निन्दा को मिस्र के भण्डार से अधिक समझा। क्योंकि वह प्रतिफल पाने की आशा रखता था।

विश्वास ही से उसने मिस्र को छोड़ दिया। राजा के क्रोध से न डरकर, क्योंकि वह अनदेखे को मानो देखता हुआ धीरज धरता रहा।

मैं आज रात के लिए यहीं रुकता हूँ। लेकिन मुझे लगता है कि परमेश्वर चाहता है कि मैं आप तक जो संदेश पहुँचाऊँ, वह श्लोक 23 में है। और अगर संभव हो, तो हम श्लोक 24 पर पहुँचते हैं।

और फिर हम आज रात के लिए रुकेंगे। इतना निवेश क्यों? हमने जो बाइबल की आयत पढ़ी है, जैसा कि मैंने कहा, वह लोकप्रिय है। हो सकता है कि आपने इसे पहले भी पढ़ा हो।

और हो सकता है कि आपने इसके बारे में बात भी की हो। लेकिन आज रात मेरी आत्मा में कुछ उबल रहा है। इस बारे में कि क्यों परमेश्वर आपके जीवन पर ध्यान केंद्रित कर रहा है, निवेश कर रहा है, और संघर्ष कर रहा है।

क्या आप जानते हैं कि आप में से हर एक जो धरती पर छोड़ा गया है, उसके जीवन के बारे में एक भविष्यवाणी थी जिसे लेकर स्वर्ग बहुत ईर्ष्यालु है। क्या आप जानते हैं कि वास्तव में आप एक दिव्य कार्य को पूरा करने के लिए पैदा हुए थे? यह अफ़सोस की बात है कि ऐसा कोई रिकॉर्ड, भौतिक रिकॉर्ड नहीं था, जिसे किसी ने आपकी माँ के गर्भ से गुज़रने से पहले स्वर्ग में हुई चर्चाओं के बारे में रखा हो। और यह भी अफ़सोस की बात है कि हमारी कुछ माताओं और आपके कुछ पिताओं ने शायद उन चर्चाओं का ध्यान

नहीं रखा होगा, जो स्वर्ग में आपके धरती पर आने से पहले हुई थीं।

और कभी-कभी, समझ और रहस्योद्घाटन की कमी के उस स्तर के कारण, आप ऐसे जी सकते हैं जैसे कि आप बस अस्तित्व में हैं। लेकिन एक भविष्यवाणी है जिसे पूरा करने के लिए आपका जन्म हुआ है। और यही कारण है कि शैतान क्रोधित है।

और वह संघर्ष कर रहा है, जी-जान से लड़ रहा है, कि क्या वह उसे जब्त कर सकता है और आपको उस चीज़ की छाया बना सकता है जो आप होने के लिए बने थे। इसलिए मैंने आज रात इस बैठक की शुरुआत आपके साथ प्रार्थना करके की कि जिन चीज़ों के लिए आप पैदा हुए थे, जिस उद्देश्य को पूरा करने के लिए आपको प्रस्तावित किया गया था, जिन कारनामों को करने के लिए आप पैदा हुए थे, उनमें से कुछ भी यीशु मसीह के नाम पर कम नहीं किया जाएगा। यह मेरे लिए बहुत ही मार्मिक था।

जब मैं उत्पत्ति की पुस्तक, अध्याय 15 में पढ़ता हूँ, तो मैं चाहता हूँ कि आप सभी उत्पत्ति में कुछ जाँच लें। हम इस बारे में ज़्यादा समय नहीं ले रहे हैं। मैं बस इतना चाहता हूँ कि आप वापस लौटने से पहले कुछ जाँच लें।

उत्पत्ति, अध्याय 15 में, यह मूसा के पिता और मूसा की माँ के जन्म से कई, कई, कई साल पहले की बात है। यह मूसा के परदादा के जन्म से भी कई, कई साल पहले की बात है। एक भविष्यवाणी थी।

क्योंकि जब कल मैं निर्धारित समय, आपके कार्यों के लिए निर्धारित समय के बारे में बात करना शुरू करूँगा, तब हम समझेंगे कि एक निर्धारित समय है क्योंकि एक निर्धारित एजेंडा है जिसे ईश्वर की दिव्य व्यवस्था में समय के इस विशेष अंतराल पर पूरा किया जाना चाहिए। जिसके लिए, और मैं चाहता हूँ कि आप आज रात मेरी बात ध्यान से सुनें। जिसके लिए आप काम करने और उसे पूरा करने के लिए पैदा हुए हैं।

उत्पत्ति, अध्याय 15 में, मैं चाहता हूँ कि आप श्लोक 13 पढ़ें। कई साल पहले प्रभु अब्राहम से बात कर रहे थे। और देखिए परमेश्वर ने उससे क्या कहा।

पद 13 में उसने अब्राहम से कहा, "निश्चय जान लो कि तुम्हारी संतान पराए देश में परदेशी होकर रहेगी, और उनकी सेवा करेगी और उन्हें कष्ट देगी। कितने वर्ष? परमेश्वर। जो शुरू से ही अंत को देखता है, उसने पहले ही बता दिया था कि इस्राएल के बच्चों के साथ क्या होगा जो अभी तक पैदा नहीं हुए थे।

उन्होंने कहा कि एक ज़मानतदार को जानो। ज़मानत शब्द का क्या अर्थ है? निश्चित रूप से। क्या मैं तुमसे कह सकता हूँ, कुछ निश्चितताएँ और कुछ चीज़ें हैं जिन्हें स्वर्ग इस पीढ़ी में पूरा करने के लिए प्रतिबद्ध है जिसके लिए तुम्हें एक भूमिका निभानी है।

जैसा कि मैं आप में से हर एक को इस बैठक में इकट्ठा होते हुए देख रहा हूँ, मैं आपको हल्के में नहीं ले रहा हूँ क्योंकि मेरी आँखें आपके आगे क्या है, यह देखने के लिए खुल रही हैं। मुझे नहीं

लगता कि आप सिर्फ़ छात्रों का एक समूह हैं जिन्हें मैंने एक साथ इकट्ठा किया है। मैंने आज रात इस बैठक में भाग्य के पुरुष और महिलाओं को बैठे हुए देखा है।

मैंने ऐसे पुरुषों और महिलाओं को देखा है जो चर्चित होने से पहले ही कई वर्षों तक धर्मगुरु बने रहते हैं और जिनके गले में भविष्यवाणियाँ लटकी रहती हैं। और इसलिए जब मैं आपको इस बैठक में आमंत्रित करता हूँ तो मैं चाहता हूँ कि आप जान लें कि आपके गले में कुछ गंभीर, कुछ शाश्वत, कुछ स्वर्गीय चीज़ लटकी हुई है जिसके लिए आपको परमेश्वर के लिए तैयार रहना है। इसलिए आपको इस बैठक में लाना मेरे लिए दिखावटी नहीं है।

यह कोई नियमित प्रक्रिया नहीं है। यह कोई मात्र गतिविधि नहीं है। यह एक बहुत ही महत्वपूर्ण तैयारी है क्योंकि कुछ ही समय में आप जिस कारण से पैदा हुए, जिस कारण से आप बड़े हुए, जिस कारण से आप उजागर हुए, वह सब स्पष्ट हो जाएगा।

और शैतान बहुत घबराया हुआ है। उसे यह मुलाकात पसंद नहीं है। वह वह नहीं चाहता जिसकी उसे गंध आ रही है क्योंकि अगर तुम फूट पड़ोगे, तो क्या तुम मेरी बात सुन पाओगे? तुम अंधकार के साम्राज्य के लिए विनाश फैलाओगे।

लेकिन शैतान चाहे या न चाहे, तुम्हारे बारे में परमेश्वर की इच्छा पूरी होनी ही है। हमें शैतान के सहयोग की ज़रूरत नहीं है। चाहे वह चाहे या न चाहे, तुम्हारे बारे में परमप्रधान परमेश्वर का कैंसर यीशु मसीह के नाम पर खड़ा रहेगा।

तो क्या आप कल्पना कर सकते हैं कि परमेश्वर अब्राहम से कह रहा था कि यह निश्चित रूप से होने जा रहा है। और परमेश्वर उससे कह रहा था और कहा, देखो तुम्हारे वंशज, तुम्हारे वंश और उसके पास एक भी बच्चा नहीं था जैसा कि उस समय परमेश्वर ने कहा था, ताकि तुम जान सको कि जो मैं कह रहा हूँ वह पूरा होगा तुम्हारे बच्चे, तुम्हारे वंश वे दूसरे राष्ट्र में जाएंगे और वे 400 वर्षों तक उस राष्ट्र की सेवा करेंगे। और जब मैं उन्हें बाहर लाऊंगा तो वे बहुत धन के साथ बाहर आएंगे और जिस राष्ट्र की वे सेवा करेंगे मैं उस राष्ट्र का न्याय करूंगा।

परमेश्वर ने यह तब कहा था जब अब्राहम के पास उस समय एक खुर भी नहीं था, एक बच्चा तो दूर की बात है। इसलिए मैं आगे बढ़ने से पहले आपको बता दूँ कि आप जो हासिल करने के लिए पैदा हुए हैं, वह कई सौ साल पहले ही तय हो चुका है। परमेश्वर निवेश क्यों कर रहा है, क्योंकि परमेश्वर ने आपके बारे में जो बातें कही हैं, उनका एक समय है।

क्या आप कल्पना कर सकते हैं कि जब परमेश्वर के उद्देश्य के बारे में कई, कई, कई सैकड़ों साल पहले कहा गया था कि मूसा का जन्म एक बहुत ही तुच्छ परिवार में हुआ था। लेकिन जैसे ही वह बच्चा पैदा हुआ, मैं चाहता हूं कि आप इस बात पर ध्यान दें कि जैसे ही वह बच्चा पैदा हुआ, माता और पिता ने बाइबल में कहा कि उन्होंने देखा कि एक उचित बच्चा था। आप देखिए जब उन्होंने कहा कि उन्होंने देखा कि एक उचित बच्चा था, अन्य संस्करण जो इसे समझते हैं, वे कहते हैं कि उन्होंने देखा कि यह एक सुंदर

बच्चा था, यह एक सुंदर लड़का था, नहीं, नहीं, नहीं, नहीं, यह वह सुंदरता नहीं है जिसे उन्होंने देखा जब उन्होंने कहा कि उन्होंने देखा कि एक उचित बच्चा था, ऐसा इसलिए नहीं था क्योंकि उसके छह उंगलियां थीं, ऐसा इसलिए नहीं था क्योंकि जिस दिन वह पैदा हुआ था, उसके 32 दांत निकले थे, ऐसा इसलिए नहीं था क्योंकि जैसे ही वह पैदा हुआ, वह बहुत ही न्यायपूर्ण, दयालु हो गया, नहीं और मैं चाहता हूं कि आप यह जान लें कि उनके जन्म से पहले उनके और भी बच्चे थे, तो बड़ी बात क्या है? लेकिन एक बड़ी बात है, बड़ी बात वास्तव में बड़ी बात है, बहुत पहले एक सौदा हुआ था, बहुत पहले, कई सैकड़ों साल पहले एक सौदा हुआ था कि इस युवक को पृथ्वी पर जारी किया जा रहा था ताकि जब बाइबल में कहा गया कि विश्वास से

जब मूसा का जन्म हुआ तो उसके माता-पिता ने उसे तीन महीने तक छुपा कर रखा था, उन्हें राजा के क्रोध का डर नहीं था क्योंकि उन्होंने देखा कि यह एक अच्छा बच्चा था और बाइबिल ने नोट किया और मैं सोच रहा था कि यह आदेश क्यों? आप में से कुछ लोग सोचते हैं कि यह संयोग है, यह शैतान नहीं जानता था कि एक बच्चा पैदा होने वाला है जो इस्राएल के बच्चों के संबंध में परमेश्वर के उद्देश्य की भविष्यवाणी को लाएगा, बंधन के घर से बाहर निकलना इसे किसी तरह पूरा करेगा शैतान बदबूदार चिथड़े और क्योंकि वह नहीं जानता है वह ठीक से नहीं बता सकता क्या तुम मुझे सुन रहे हो? आपके बारे में कुछ ऐसा है जो शैतान को धुंधला लगता है वह नहीं जानता है वह डरता है वह घबराया हुआ है लेकिन वह आपके भाग्य का पता नहीं लगा सकता है फिर भी सब

कुछ अगर वह कुछ पा सकता है और वह केवल यह कह रहा है कि बस सब कुछ करो, नहीं तो तुम उसे पकड़ लोगे वह तुम्हें यीशु के नाम पर नहीं पकड़ पाएगा और बाइबिल ने कहा कि उस समय एक फिरौन था उन्हें इसे तब मार देना चाहिए जब यह एक बच्चा हो और यह एक नर हो, आप कल्पना कर सकते हैं कि यह उस समय था, जब बड़ी कठिनाई थी कि यह मूसा के जन्म का समय भी था, इसका कारण यह है कि उन चीजों के लिए पहले से ही एक समय निर्धारित है जिन्हें किया जाना चाहिए ।

मैं समझता हूँ कि जब परमेश्वर के वचन के इस्राएल के बच्चों के विषय में पूरा होने का समय रहता है, परमेश्वर चीज़ों को होने देना शुरू कर देता है, इस बात के बारे में मुझे आपसे बहुत सी बातें करनी होंगी क्योंकि कल से परमेश्वर चीज़ों को यहाँ वहाँ बाएँ और दाएँ होने देना शुरू कर देता है क्योंकि परमेश्वर अपने वचन को पूरा करने के लिए देखता है और वह अपने समय के बाहर कुछ भी होने से कभी नहीं चूकता है, इसलिए उस रात, उस दिन यह लड़का पैदा हुआ जब एक बच्चे को जन्म देना अपराध था, विशेष रूप से एक लड़के को, इस्राएल की सभी महिलाओं, हिब्रू महिलाओं के लिए यह मुश्किल था क्योंकि अगर वे अपने बच्चे को जन्म देने के लिए अस्पताल जातीं तो मिस्र की सभी दाइयों, मिस्रियों को कहा गया था कि कोई भी हिब्रू महिला जो यहाँ प्रसव कराने आती है, उस पर नज़र रखें यदि यह एक बच्चा लड़का है तो सीधे आगे बढ़ें, बस उस बच्चे को पैक करें, उनके रोने पर ध्यान न दें, इस बात पर ध्यान न दें कि वे कितने सुंदर या आकर्षक दिख सकते हैं, उन्हें एक बोरे में बाँध दें, उसका गला घोंट दें, जाकर उसे नील नदी में

फेंक दें, मुझे नहीं पता कि कितने हज़ार लोग मारे गए लेकिन एक अच्छे बच्चे के रूप में क्या आप किसी की ओर मुड़कर कह सकते हैं कि क्या भगवान को यह पता नहीं है कि आप एक अच्छे बच्चे हैं, इसीलिए आप यहां हैं और यदि स्वर्ग ने एक अच्छे बच्चे के रूप में आप पर अपनी नजरें गड़ाई हैं, तो आप अपने आप को बेकार कैसे बना सकते हैं, आप अपने जीवन को कैसे महत्वहीन बना सकते हैं, आप कैसे दूसरों को बेच सकते हैं, यही वह बात है जो मुझे उस छोटी सी आयत 24 पर ले जाएगी और मैं आपके साथ प्रार्थना करूंगा।

बाइबिल ने कहा क्योंकि उन्होंने देखा कि वह एक उचित बालक था, उन्होंने उसके विषय में अदृश्य को देखा, उन्होंने देखा कि इस नन्हें शिशु के अन्दर वह उद्धार है जिसके विषय में परमेश्वर ने कहा था, इस शिशु के अन्दर वह भविष्यवाणी है जो परमेश्वर ने अब्राहम से कही थी, यह वह छोटा बालक है जो तुम्हें फुसलाए बिना इसे पूरा करेगा, तुम जानते हो कि मेरे पास तुम्हें फुसलाने का कोई कारण नहीं है, इसके लिए कोई कारण नहीं है यदि मैं यह कहने जा रहा हूँ कि यह भविष्यवाणी पूरी होगी, परमेश्वर के जन के जीवन में एक बीज बोओ, शायद तुम मुझ पर संदेह न कर सको, लेकिन तुम जानते हो कि हम ऐसा कुछ नहीं करने जा रहे हैं, तुम जानते हो कि यदि यह परमेश्वर के जुनून और परमेश्वर के प्रेम के कारण नहीं है जिसने हमारे हृदयों को अभिभूत कर दिया है, तो कोई कारण नहीं है कि हम वह करें जो हम कर रहे हैं, तुम जानते हो कि यदि यह इसलिए नहीं है कि परमेश्वर ने विशेष रूप

से तुम्हारे जीवन के बारे में कुछ कहा है, तो निवेश क्यों, निवेश क्यों, इस रात क्यों परमेश्वर तुम पर ध्यान केंद्रित कर रहा है ,

तो , जब इस गायक मंडली ने कहना शुरू किया कि तुम्हारे पराक्रम का समय यहीं है , यहीं है, मैं बस उनके मुंह को देख रहा था क्योंकि मुझे नहीं पता था कि उन्होंने ऐसा गीत बनाया है जबकि अन्य लोग नाश हो रहे थे जबकि नील नदी मृत बच्चों के बारे में सोच रही थी और जब शैतान ने सोचा कि कोई संभावित बच्चा जो इस्राएल के बच्चों पर मिस्र के जुए को तोड़ने के लिए कोई कारनामा कर सकता है, जब उसने सोचा कि उसने उनमें से किसी को भी खत्म कर दिया होगा, तो उसे नहीं पता था कि एक मूसा है, मैं कहने की हिम्मत करता हूं कि शैतान ने तुम्हें याद किया है शैतान उसने कहा मुझे लगा कि मैंने उसे खत्म कर दिया है मुझे लगा कि मैंने उस लड़की को खत्म कर दिया है मुझे लगा कि उसके बारे में फिर से कुछ नहीं है लेकिन वह जल्द ही अपनी उंगलियां काटेगा क्योंकि तुम यीशु मसीह के नाम पर क्या करने जा रहे हो और बाइबिल ने कहा जब मूसा के माता-पिता उसे और नहीं छिपा सकते थे विश्वास के द्वारा उसे एक टोकरी में रखा और नदी पर डाल दिया और वे दिन रात पैसे पर नजर रखते थे, यह नहीं जानते हुए कि भगवान क्या करेंगे, उन्होंने कहा कि हे प्रभु, हमने वह सब कर दिया है जो हम कर सकते थे, हम इस लड़के को आपके हाथों में सौंपते हैं, उसके जीवन के लिए अपने उद्देश्य को पूरा होने दें, भले ही हमारा हाथ अब इसे संभाल न सके, क्या आप जानते हैं कि आप में से कुछ लोग, आप में से कुछ लोग आज रात

मेरे सामने बैठे हैं, आप में से कुछ लोग तो यह भी नहीं जानते कि आप इस छात्र सम्मेलन में क्यों आए हैं ।

कुछ लोगों ने आश्चर्य किया होगा कि किसी ने आपको कैसे आमंत्रित किया और आग्रह किया कि आपको अवश्य आना चाहिए, मैं जानता हूँ कि आने वाले दिनों में आप जाना चाहेंगे और उस व्यक्ति को धन्यवाद देंगे, कहेंगे कि मुझे नहीं पता था कि यह ईश्वर ही है जो मुझे मेरे भाग्य से जोड़ रहा है, क्या आप कल्पना कर सकते हैं कि क्या हुआ, ईश्वर ने निर्णय लिया और कभी-कभी मैं ईश्वर को ईश्वर के लिए धन्यवाद देना चाहता हूँ, आपमें से कितने लोगों ने ईश्वर को ईश्वर के लिए धन्यवाद दिया है, आपको यह जानने की आवश्यकता है कि ईश्वर को ईश्वर के लिए कैसे धन्यवाद दिया जाए, आप जानते हैं कि ईश्वर केवल वही चीजें क्यों करता है जो मुझे हर समय हैरान कर देती हैं, क्या आप कल्पना कर सकते हैं कि ईश्वर इस युवक को मुक्त कर रहा था जो कुछ वर्षों में मिस्र को नष्ट कर देगा और उसने निर्णय लिया और मैंने कहा ठीक है, फिरौन की बेटी को आने दो और इस लड़के को गोद लो और इसे फिरौन के महल में ले जाओ और मिस्रियों की सभी भाषा सीखो, ताकि उस दिन कुछ भी न हो जब मूसा अपने कारनामों को करने के लिए खड़ा होगा, मिस्रियों को यह पता नहीं चल पाएगा कि क्या करना है, क्योंकि भले ही उन्होंने अपनी स्थानीय भाषा बोलने का निर्णय लिया हो ।

आप जानते हैं कि कभी-कभी जब आपका दुश्मन आपकी बुराई की योजना बनाना चाहता है तो वे क्या करते हैं , वे अपनी बोली में

बोलना शुरू कर देते हैं ताकि आपको पता न चले लेकिन ऐसी कोई बोली नहीं है जिसे मिस्री बोल सकते हों जो मूसा की उंगलियों पर न हो भगवान ने मिस्र को अपनी शिक्षा का सबसे अच्छा हिस्सा मूसा पर निवेश करने के लिए कहा वह राजा के कॉलेज में गया वह पूरे समय स्थायी छात्रवृत्ति पर था उसके पास अधिकारियों का एक दल था जो उसे स्कूल में छोड़ता था और उसके पास व्यक्तिगत रूप से नियुक्त शिक्षक था और उन्होंने सोचा कि वे उसे अगला फिरौन बनने के लिए तैयार कर रहे हैं उन्होंने सोचा कि वे अपने लोगों की गुलामी को बनाए रखने के लिए इस लड़के का निर्माण कर रहे हैं, यह नहीं जानते हुए कि शैतान ने आप में से कुछ के बारे में गलती की है मैं इसके बारे में उत्साहित हूं वह अपनी उंगली काट लेगा क्योंकि आप यीशु मसीह के नाम पर क्या बनने जा रहे हैं

ये बातें जिनके बारे में हम आज रात बात कर रहे हैं, बहुत जल्द इसका प्रदर्शन होने वाला है और भगवान से मेरी पुकार है कि जब वह निर्धारित समय जिसे भगवान ने नियुक्त किया है हम उसे बदल नहीं सकते जब वह आएगा आप यीशु मसीह के नाम में प्रकट होंगे अब बस मेरे लिए निष्कर्ष निकालना है और मूसा को महल में रखा गया था लेकिन जब वह हाँ में आया तो क्या आप इब्रानियों 11 की आयत 24 पढ़ सकते हैं और फिर हम विश्वास से उस पर रुक रहे हैं मूसा जब वह हाँ में आया तो यही वह समय था जब वह हाँ में आया तो उसने कहा कि उसने फिरौन की बेटी का बेटा कहलाने से इनकार कर दिया मूसा के लिए वह कार्य करने का समय आ गया है जिसके लिए वह पैदा हुआ था और पहली चीज जो उसने की वह एक प्रेस कॉन्फ्रेंस बुलाना था यह एक ऐसा

सम्मेलन था जिससे फिरौन की बेटी कभी उबर नहीं पाई यह उसके जीवन की सबसे बड़ी निराशा थी वह प्रेस कॉन्फ्रेंस एक सम्मेलन था जिसने

वे जल्दी से फिरौन की बेटी को खोजने गए, जो मूसा की मां होने का दावा कर रही थी, उन्होंने जाकर कहा मैडम क्या आपने सुना कि आपका बेटा क्या कह रहा है, आप जानती हैं कि उस महिला ने क्या कहा, अगर मुझे पता होता, अगर मुझे पता होता तो मैंने उसे उसकी पहचान भूलाने के लिए सब कुछ किया, मैंने उसे हर चीज से सजाया ताकि वह अपने भाग्य को कभी याद न रखे, मुझे लगा कि मैं उसे उसके जीवन के लिए भगवान के दिव्य उद्देश्य से तस्करी कर सकती हूं और उसे अपनी कठपुतली बना सकती हूं, मुझे लगा कि मैं उसे पिंजरे में बंद कर सकती हूं ताकि वह कभी याद न रखे कि वह कहां से आ रहा था और जिस उद्देश्य के लिए वह पैदा हुआ था, लेकिन मैं असफल रही, मैं इस लड़के को वह बनने से नहीं रोक सकती, जिसके लिए वह पैदा हुआ था, अब मैं पीछे देख रही हूं, मुझे नहीं पता कि मैंने उसे पानी के ऊपर क्यों उठाया, मुझे उसे मरने के लिए छोड़ देना चाहिए था,

आज रात यहाँ रुकते हुए, निवेश क्यों? और शैतान ने आपके जीवन पर कब्ज़ा क्यों किया? एक भविष्यवाणी है जो पूरी हो चुकी है। आप उसे पूरा करने के लिए ही पैदा हुए हैं। आपके ऊपर एक दिव्य कार्य है और जीवन के लिए तैयार हो जाइए।

एक दिव्य कार्य है जिसे पूरा करने के लिए स्वर्ग ने आपको नियुक्त किया है। आज रात जब मैं इस बैठक में आपका स्वागत

करता हूँ, तो हम आपके कारनामों के लिए निर्धारित समय और इसके लिए आवश्यक सभी उपकरणों और तैयारियों पर विचार करेंगे। अलग-अलग चीजें जो परमेश्वर आपके लिए लाएगा।

मैं कई सालों तक यही करना चाहता हूँ। मूसा ने फिरौन की बेटी का बेटा कहलाने से इनकार कर दिया। परमेश्वर के लोगों के साथ दुख सहना उसके लिए बेहतर था, बजाय इसके कि वह कुछ समय के लिए पाप के सुखों का आनंद ले।

एक बच्चा जो भगवान के लिए सबसे बड़ी प्रार्थना करने के लिए पैदा हुआ था। दुश्मन उसे उस आनंद से पकड़ना चाहते हैं जिसका वास्तव में कोई भविष्य नहीं है। एक लड़का जो उस भविष्यवाणी को पूरा करने के लिए पैदा हुआ था जो भगवान ने महान महान कुलपति से कही थी और जिसके द्वारा उसका नाम हमेशा के लिए मनुष्यों और मेरी ज़ुबान पर रहेगा, यहां तक कि जब हम स्वर्ग पहुंचेंगे तो उन्होंने कहा कि हम मूसा का गीत गाएंगे।

लेकिन आप देखते हैं शैतान क्या चाहता था? वह उसे कुछ समय के लिए देखने के आनंद के साथ पकड़ना चाहता था। युवक ने कहा नहीं मैं कुछ समय के लिए पाप के आनंद का आनंद लेने के लिए नहीं रुकूंगा और खुद को एक बेकार गैर-अस्तित्व बनाऊंगा। आपको याद होगा कि बाइबिल में कहा गया है कि उसने मसीह की निंदा को मिस्र के खजाने से भी बड़ा धन माना क्योंकि उसे इनाम के प्रतिफल पर भरोसा था और विश्वास से उसने राजा के क्रोध से नहीं डरते हुए मिस्र को छोड़ दिया क्योंकि उसने उसे देखा जो अदृश्य है।

आज रात आप में से कौन हाँ में आएगा? जब बाइबल ने कहा कि जब वह हाँ में आया, तो मुझे क्या छू गया, तो आप जानते हैं कि हाँ में आने का मतलब है जब वह समझदार हो गया, जब वह परिपक्व हो गया, जब वह जान गया कि वह क्यों पैदा हुआ, उसने चीजें कीं और यह बात मेरे सामने आई कि जब मैं आप जैसी एक पुरुष, एक महिला को देखता हूँ जिसके लिए परमेश्वर का एक महान उद्देश्य है, लेकिन आप अब कुछ समय के लिए पाप के आनंद में बैठे हैं, तो आप हाँ में नहीं आए हैं।

जब मैं आपमें से कुछ लोगों को देखता हूँ कि स्वर्ग कुछ महान करने के लिए इंतज़ार कर रहा है और मैं आपको व्यसन के पिंजरे में, पाप के पिंजरे में, दुर्व्यवहार के पिंजरे में, अनैतिकता के पिंजरे में बैठे हुए देखता हूँ, तो मैं कहता हूँ काई, जब इस एक के साथ हाँ आती है, जब आपके स्तर का एक पुरुष, एक महिला, ईश्वर की उपस्थिति में शोषण करने के लिए पैदा हुआ, भविष्यवाणी को पूरा करने के लिए पैदा हुआ, जब मैं आपको यहाँ-वहाँ भटकते हुए और मूर्खतापूर्ण चीज़ों के साथ खेलते हुए देखता हूँ, तो आप हाँ पर कब आएँगे, क्योंकि आपके कारनामों का निर्धारित समय यहाँ है, जिस कारण से आप पैदा हुए हैं और जिस कारण से आप जवान नहीं मरे हैं, वह आ गया है, आप हाँ पर कब आएँगे, जब आप छोटी चीज़ों को अलविदा कहेंगे, कब आपके दिल में यह बात आएगी कि जीना केवल लापरवाही से खिलौनों के साथ खेलने से अधिक उच्च उद्देश्य के लिए है, कब आपको यह स्पष्ट हो जाएगा कि आपकी उम्र में आप हाँ पर न आने का जोखिम नहीं उठा सकते, इसलिए

मुझे इस रात मेरे लुकास में आपका स्वागत करने की अनुमति दें, आपके भाग्य के मुद्दों को संबोधित करने के लिए आपके लिए निर्धारित समय आ गया है, आपके लिए मुद्दों को तौलने और कहने का समय आ गया है, इसलिए मेरे हाथ में अधिक भारी मामलों का मुद्दा क्या है, मैं अपने कीमती वर्षों के साथ क्या कर रहा हूँ

आज रात मैं सिर्फ आपकी ओर से भगवान को पुकारना चाहता हूं और कहना चाहता हूं पिता, इस जीवन में आपके निवेश को व्यर्थ न जाने दें, इस जीवन से आपकी उम्मीदें टूटने न पाएं, उनके गले में बंधी भविष्यवाणी की जंजीर को उनकी बिशप की अंगूठी न फंसने दें, किसी और को उसे लेने न दें, क्या आप कल्पना कर सकते हैं कि यहूदा इस्करियोती पहले से ही एक नियति को पूरा करने के लिए गिना गया था, उसे पहले से ही भगवान के दिव्य उद्देश्य की पूर्ति में एक स्थान दिया गया था, दुर्भाग्य से 30 चांदी के टुकड़ों के लिए, 30 नहीं 30,000, बल्कि 30 चांदी के टुकड़ों के लिए उसने खुद को एक स्थायी उपद्रव और एक अपूरणीय अपूरणीय ड्रॉपआउट हमेशा के लिए बना लिया, उसने सोचा कि वह जल्दी से जाकर अपनी जान ले सकता है और खुद को फांसी लगा सकता है, वह नहीं जानता था कि मृत्यु केवल अमर अनंत काल का प्रवेश द्वार है, उसने ऐसा किया ,

बड़ा मौका

हम इस पुस्तक को उन लोगों के लिए एक रास्ता प्रदान किए बिना समाप्त नहीं करेंगे जो प्रभु के साथ संबंध बनाना चाहते हैं।

बड़ा मौका

हम इस शीर्षक को सीमाहीन पर तब तक समाप्त नहीं करेंगे जब तक हम उन लोगों को आज शांति बनाने का अवसर प्रदान नहीं करते जिन्होंने यीशु का सामना नहीं किया है

मुक्ति की प्रार्थना

उद्धार की प्रार्थना - परमेश्वर के साथ हमारी पहली वास्तविक बातचीत

"उद्धार की प्रार्थना" सबसे महत्वपूर्ण प्रार्थना है जो हम कभी भी करेंगे। जब हम एक ईसाई बनने के लिए तैयार होते हैं, तो हम परमेश्वर के साथ अपनी पहली वास्तविक बातचीत करने के लिए तैयार होते हैं, और ये इसके घटक हैं:

- हम स्वीकार करते हैं कि यीशु मसीह परमेश्वर है; वह इस पृथ्वी पर मनुष्य के रूप में आया ताकि वह पाप रहित जीवन जिए जिसे हम नहीं जी सकते; वह हमारे स्थान पर मरा, ताकि हमें वह दण्ड न भुगतना पड़े जिसके हम पात्र हैं।
- हम अपने पिछले पापमय जीवन को स्वीकार करते हैं - अपने लिए जीना और परमेश्वर की आज्ञा का पालन न करना।

- हम स्वीकार करते हैं कि हम यीशु मसीह पर अपने उद्धारकर्ता और प्रभु के रूप में भरोसा करने के लिए तैयार हैं।
- हम यीशु से प्रार्थना करते हैं कि वह हमारे हृदय में आये, वहाँ निवास करे, और हमारे द्वारा जीवन जीना आरम्भ करे।

उद्धार की प्रार्थना - यह ईश्वर में विश्वास से शुरू होती है

जब हम उद्धार की प्रार्थना करते हैं, तो हम ईश्वर को यह बताते हैं कि हम मानते हैं कि उनका वचन सत्य है। उसने हमें जो विश्वास दिया है, उसके द्वारा हम उस पर विश्वास करना चुनते हैं। बाइबल हमें बताती है कि " *विश्वास के बिना उसे प्रसन्न करना असंभव है, क्योंकि जो ईश्वर के पास आता है, उसे विश्वास करना चाहिए कि वह है, और वह उन लोगों को प्रतिफल देता है जो परिश्रम से उसके खोजी हैं*" (इब्रानियों 11:6)।

इसलिए, जब हम प्रार्थना करते हैं, ईश्वर से उद्धार के उपहार के लिए पूछते हैं, तो हम यह स्वीकार करने के लिए अपनी स्वतंत्र इच्छा का प्रयोग कर रहे होते हैं कि हम उस पर विश्वास करते हैं। विश्वास का यह प्रदर्शन ईश्वर को प्रसन्न करता है, क्योंकि हमने उसे जानने के लिए स्वतंत्र रूप से चुना है।

उद्धार की प्रार्थना - अपने पापों को स्वीकार करना

जब हम उद्धार की प्रार्थना करते हैं, तो हम स्वीकार करते हैं कि हमने पाप किया है। जैसा कि बाइबल सभी के बारे में कहती है, केवल मसीह को छोड़कर: " *क्योंकि सब ने पाप किया है और*

परमेश्वर की महिमा से रहित हैं" (रोमियों 3:23)।

पाप करना बस लक्ष्य से चूक जाना है, जैसे कि एक तीर जो ठीक निशाने पर नहीं लगता। परमेश्वर की महिमा जिससे हम चूक जाते हैं, वह केवल यीशु मसीह में ही पाई जाती है: " *क्योंकि परमेश्वर ही है जिसने अंधकार में से ज्योति को चमकने की आज्ञा दी, और जो हमारे हृदयों में चमका कि परमेश्वर की महिमा की पहचान की ज्योति यीशु मसीह के चेहरे से दे*" (2 कुरिन्थियों 4:6)।

तो, उद्धार की प्रार्थना यह स्वीकार करती है कि यीशु मसीह ही एकमात्र मनुष्य है जो कभी पाप के बिना रहा। " *क्योंकि उसने जो पाप से अज्ञात था, उसे हमारे लिये पाप ठहराया, कि हम उसमें होकर परमेश्वर की धार्मिकता बन जाएँ*" (2 कुरिन्थियों 5:21)।

उद्धार की प्रार्थना - मसीह को उद्धारकर्ता और प्रभु
के रूप में विश्वास करना मसीह को हमारी पूर्णता का मानक मानक मानते हुए, हम अब प्रेरित यूहन्ना के साथ सहमत होते हुए, उनमें ईश्वर के रूप में विश्वास को स्वीकार कर रहे हैं कि: " *आदि में वचन (मसीह) था, और वचन परमेश्वर के साथ था, और वचन परमेश्वर था। वह आदि में परमेश्वर के साथ था। सब कुछ उसी के द्वारा उत्पन्न हुआ, और जो कुछ उत्पन्न हुआ है, उसमें से कुछ भी उसके बिना उत्पन्न नहीं हुआ* " (यूहन्ना 1:1-3)।

क्योंकि परमेश्वर केवल एक पूर्ण, पापरहित बलिदान को स्वीकार कर सकता था, और क्योंकि वह जानता था कि हम इसे संभवतः

पूरा नहीं कर सकते, इसलिए उसने अपने पुत्र को हमारे लिए मरने और अनन्त मूल्य चुकाने के लिए भेजा। " *क्योंकि परमेश्वर ने जगत से ऐसा प्रेम रखा कि उसने अपना एकलौता पुत्र दे दिया, ताकि जो कोई उस पर विश्वास करे, वह नाश न हो, परन्तु अनन्त जीवन पाए।* " (यूहन्ना 3:16)।

मुक्ति की प्रार्थना - इसे अभी कहो और इसका अर्थ समझो!

क्या आप अब तक पढ़ी गई हर बात से सहमत हैं? अगर आप सहमत हैं, तो यीशु मसीह में अपना नया जीवन शुरू करने के लिए एक पल भी इंतज़ार न करें। याद रखें, यह प्रार्थना कोई जादुई फ़ॉर्मूला नहीं है। आप बस अपने दिल की बात भगवान से कह रहे हैं। हमारे साथ यह प्रार्थना करें:
"पिता, मैं जानता हूँ कि मैंने आपके नियमों को तोड़ा है और मेरे पापों ने मुझे आपसे अलग कर दिया है। मैं सच में क्षमा चाहता हूँ, और अब मैं अपने पिछले पापपूर्ण जीवन से दूर होकर आपकी ओर मुड़ना चाहता हूँ। कृपया मुझे क्षमा करें, और मुझे फिर से पाप करने से बचने में मदद करें। मेरा मानना है कि आपका पुत्र, यीशु मसीह मेरे पापों के लिए मरा, मृतकों में से पुनर्जीवित हुआ, जीवित है, और मेरी प्रार्थना सुनता है। मैं यीशु को अपने जीवन का प्रभु बनने, आज से मेरे दिल में शासन करने और राज करने के लिए आमंत्रित करता हूँ। कृपया मुझे आपकी आज्ञा मानने और अपने शेष जीवन में आपकी इच्छा पूरी करने में मदद करने के लिए अपनी पवित्र आत्मा भेजें। यीशु के नाम में मैं प्रार्थना करता हूँ, आमीन।"

उद्धार की प्रार्थना - मैंने यह प्रार्थना की है; अब क्या?

यदि आपने उद्धार की यह प्रार्थना सच्चे विश्वास और हृदय से की है, तो आप अब यीशु के अनुयायी हैं। यह एक तथ्य है, चाहे आप कुछ अलग महसूस करें या न करें। धार्मिक प्रणालियों ने आपको यह विश्वास दिलाया होगा कि आपको कुछ महसूस करना चाहिए - एक गर्म चमक, एक झुनझुनी, या कोई अन्य रहस्यमय अनुभव। तथ्य यह है कि, आप ऐसा कर सकते हैं या नहीं भी कर सकते हैं। यदि आपने उद्धार की प्रार्थना की है और इसे गंभीरता से लिया है, तो आप अब यीशु के अनुयायी हैं। बाइबल हमें बताती है कि आपका शाश्वत उद्धार सुरक्षित है! " *कि यदि तुम अपने मुँह से प्रभु यीशु को स्वीकार करो और अपने हृदय से विश्वास करो कि परमेश्वर ने उसे मरे हुओं में से जिलाया है, तो तुम बच जाओगे*" (रोमियों 10:9)।

परमेश्वर के परिवार में आपका स्वागत है! हम आपको अब एक स्थानीय चर्च खोजने के लिए प्रोत्साहित करते हैं जहाँ आप बपतिस्मा ले सकते हैं और परमेश्वर के वचन, बाइबल के माध्यम से उसके ज्ञान में बढ़ सकते हैं।

आप हमारी साइट www.otakada.org पर भी जा सकते हैं जो आपको मसीह में विकसित होने और बढ़ने में मदद करेगी। डिस्कवरी बाइबल अध्ययन में इस लिंक का उपयोग करके स्वयं यीशु की खोज करें।

https://www.otakada.org/dbs-dmm/

40 दिन की शिष्यता यात्रा

https://www.otakada.org/get-free-40-days-online-discipleship-course-in-a-journey-with-jesus/ के माध्यम से अपनी गति से 40-दिवसीय यात्रा ऑनलाइन शुरू कर सकते हैं

या

आज ही यीशु के साथ व्यक्तिगत शिष्यत्व के सन्दूक में शामिल हों:

टेलीग्राम चैनल

https://t.me/holyghostschooldiscipleship

व्हाट्सएप चैनल

https://whatsapp.com/channel/0029VaV4S1nL7UVSD6UDVD36

यदि आपको मार्गदर्शन की आवश्यकता हो तो
info@otakada.org पर ईमेल भेजें
प्रभु आपके जीवन को विस्तृत करें और आपको आनंद, शांति, प्रेम और सद्भाव से भर दें जो केवल वही दे सकता है, आमीन

शालोम!

Otakada.org टीम

www.ingramcontent.com/pod-product-compliance
Lightning Source LLC
LaVergne TN
LVHW010833051026
849532LV00007B/2681